JN169866

自分を動かす名言

佐藤優 選

Maxims to Motivate

Masaru Sato

佐藤 優

青春出版社

まえがき

人生にはつらいことが多い。悩みもたくさんある。こういうとき役に立つのが、知恵のある人に相談することだ。しかし、周囲にそのような人がいない場合は、歴史上の偉人に相談するのがいい。あるいは、古典から学びとってもいい。私自身は、恩師を通じて古典に助けられたことがある。

２０１６年１月24日午前7時43分、京都市内の病院で同志社大学神学部名誉教授の緒方純雄先生が亡くなった。95歳だった。26日午後に京都の日本基督教団洛南教会で行われた告別式に私も参列した。献花のとき柩に納められた緒方先生と対面したが、先生は一回り小さくなられた感じがした。安らかな顔をして眠っておられた。

私は同志社大学神学部と大学院神学研究科で、緒方先生から卒業論文と修士論文の指導を受けた。緒方先生は１９２０年7月31日生まれなので、だいたい58歳から64歳のときに私を指導していたことになる。まさに学者として円熟期だった。組織神学者である緒方先生は、学術指導に関してはとても厳しかった。

私が1回生の秋（1979年）のことだったと記憶している。私がカール・バルト（※1）の引力圏に引き込まれそうになったとき、緒方先生から「バルトは、神学は最も美しい学問であると言っていますが、そこに危険があります。美意識で神学を見てはいけません。矛盾を抱えた、ドロドロした存在である人間と取り組むのが神学の課題です」と諭された。反発を覚えた私は、「先生は本気でバルトと取り組んだことがあるのですか」と尋ねると、緒方先生は「それじゃ僕の研究室にいらっしゃい」と言って、神学館4階北側の研究室に案内した。「神学館が建てられたときに、南側と北側のどちらの研究室を選ぶかと言われたので、北側を選びました。ここからは北山がよく見えます。僕は山が好きなんで、研究室から窓の外を見ているとほっとするのです」と言った後、本棚の奥から古い雑誌を十数冊取り出して私に渡した。神学部が刊行する日本で最も古いキリスト教関係の学術雑誌である『基督教研究』のバックナンバーだった。

「持っていって、よく読んでください。僕が若いころ、一生懸命バルトを読んで書いた論文が入っている。手に入りにくい雑誌だから大切にしなさい」と言って、十数冊の雑誌を渡された。さっそく、今出川キャンパス西門の向かいにあった喫茶店「わびすけ」（現在は閉店）に行き、数時間かけて緒方先生が1950年代に書いた論文を読んだ。当時の私の学力では、論文の内容を半分も理解できなかった。しかし、緒方先生がバルトと本気で格闘していることがわかった。特に自然神学（※2）を忌避するバルトの姿勢に緒方先生は強く反発していた。次の講義のとき、緒方先生に「自然神学について勉強したいです。いい本を紹介してください」と頼むと、先生は鞄から橙色の表紙の英書をとり出して、「読みかけですがこの本をあげます。私は別途、注文します」と言って、ジョン・マッコーリーの『キリスト教神学の諸原理』をくださった。この本は、今でも私の本棚の中央にある。

緒方先生は、ある時期からほとんど論文を書かなくなった。その分、後進の教育に力を入れていた。私は、あの前後の年代で、緒方先生に最も負担をかけた神学生だった。

私が緒方先生から受けた影響は神学にとどまらず、自らの価値観、人生観、世界観を形成する過程で決定的に重要な恩師だった。特に、キリスト教信仰は現実の世界でいかされて初めて意味を持つという緒方先生の倫理観の影響を強く受けた。緒方先生はいつも笑っていて温厚だったが、熊本では漢文教師を殴ったという理由で退学になっている。神学生になる前は、父親の仕事の関係で上海に滞在し、拳銃を持ち歩いていたこともあるという。こんなエピソードを論文指導の合間に話してくれた。緒方先生は、私がスイスかドイツに留学して研究職に就くことを望んでいた。だから私が外務省に勤務することになったときは落胆していたが、外交官になってからも神学研究を続けていることをとても喜んでくれていた。
緒方先生は牧師でもあった。鈴木宗男疑惑の嵐が吹き荒れる中、緒方先生から手紙をいただいた。そこには励ましの言葉とともに、万年筆で書かれたていねいな字で、旧約聖書「コヘレトの言葉（伝道の書）」から以下の引用がなされていた。

何事にも時があり
天の下の出来事にはすべて定められた時がある。
生まれる時、死ぬ時
植える時、植えたものを抜く時
殺す時、癒す時
破壊する時、建てる時
泣く時、笑う時
嘆く時、踊る時

石を放つ時、石を集める時
抱擁の時、抱擁を遠ざける時
求める時、失う時
保つ時、放つ時
裂く時、縫う時
黙する時、語る時
愛する時、憎む時
戦いの時、平和の時。
人が労苦してみたところで何になろう。
わたしは、神が人の子らにお与えになった務めを見極めた。神はすべてを時宜にかなうように造り、また、永遠を思う心を人に与えられる。それでもなお、神のなさる業を始めから終りまで見極めることは許されていない。（「コヘレトの言葉」３章１〜11節）

手紙の御礼に電話をすると、緒方先生は「今はつらくてたいへんだろうが、時の流れは必ず変わる。その時を正しく見定めることが、佐藤君にはできる」と言われた。緒方先生のこの言葉があったから、２００２年5月14日、東京地方検察庁特別捜査部によって逮捕され、東京拘置所の独房に５１２日間勾留されても、私は崩れずに、持ち堪えることができたのだと思う。

拘置所では、「コヘレトの言葉」を何度も繰り返し読んだ。そこには、こんなことも書かれていた。

太陽の下、更にわたしは見た。
裁きの座に悪が、正義の座に悪があるのを。
わたしはこうつぶやいた。
正義を行う人も悪人も神は裁かれる。
すべての出来事、すべての行為には、定められた時がある。
（「コヘレトの言葉」3章16〜17節）

この言葉を噛みしめながら、私は時を待った。

本書では、私は読者の人生に具体的に役立つと信じる言葉だけを精選し、そこに全精力を傾けて解説を付した。

本書を上梓するにあたっては、青春出版社プライム涌光の岩橋陽二氏に大変お世話になったことを感謝します。


2016年3月15日、曙橋（東京都新宿区）にて　佐藤 優

（※1）スイスのプロテスタント神学者。従来の自由主義神学を批判し、近代的視点から神の超越性をとらえ直そうとした弁証法神学の中心的存在。

（※2）キリストの啓示を基礎とする啓示神学に対して、人間の理性でキリスト教の真理性を証明しようとする神学。

佐藤 優 選　自分を動かす名言　目次

第V部　人生の場面 …… 177

装丁　國枝達也

第Ⅰ部
人とのかかわり

〈善人と悪人〉

世の中には善人とか悪人とかが
あるわけではない。
ただ、場合によって善人になったり
悪人になったりするだけである。

Henri de Régnier (1864〜1936)
アンリ・ド・レニエ／フランスの詩人、小説家

ラジオの生番組で、突然「あんた、善人か悪人か?」と聞かれたことがある。私は、とっさに「そりゃ、悪人ですよ」と答えた。時期は2005年の夏ごろだったと思う。RFラジオ日本の「ずばり勝負!」という番組で、ミッキー安川さん(本名安川實、1933年2月10日~2010年1月18日)が私に斬り込んできた。

この年の3月、私は新潮社から『国家の罠——外務省のラスプーチンと呼ばれて』を上梓し、出版界にデビューした。率直に言うが、私は職業作家になれるとは小指の先ほども思っていなかった。当時、東京地検特捜部の正義は絶対的権威を持っており、特捜部に逮捕された政治家や官僚で社会的に復権できた人は過去に一人もいなかった。

田中角栄元首相も「闇将軍」として政治的影響力は保持したが、刑事被告人というレッテルが貼られ、社会的に復権することはなかった。私も『国家の罠』だけで消えることになると思っていた。しかし、それでも北方領土問題にどのように取り組んでいたかについて、私を信頼してついてきてくれた外務省の後輩にこの本で説明する機会が得られたのはよかったと思っていた。

『国家の罠』は予想外にマスメディアで受け入れられ、この本に出てくる「国策捜査」という業界用語が日常用語になった。テレビやラジオなどの電波メディアからも声がかかるようになった。テレビはシナリオがかなりはっきり決められており、自由に話すことが難しいので辞退したが、ラジオには積極的に出るようにした。そのような経緯で、ミッキーさんの番組にも出るようになったわけだ。

のちにミッキーさんから聞いたところでは、私が「善人です」と答えるか、言を左右にして明確な答えをしない場合は、徹底的にやり込めてやろうと思っていたということだ。「俺はあんたに、刑事被告人の自己弁護などリスナーは関心がないということを伝えたかった。あんたはたいしたもんだ。『悪人です』と答えるんだから。リスナーは、こいつは何を話すのかと耳を傾ける」とミッキーさんは言っていた。

私には、リスナーの関心を引きつけようとする計算はなかった。どの国にも善人もいれば悪人もいるし、どの国も善人と悪人の比率は変わらないだろうと考えている。

しかし、ソ連や北朝鮮のような国では、国家の命令で善人でも悪人にならざるを得ない場合がある。私はソ連時代末期のモスクワで生活した経験があるので、善人が悪人に変わらざるを得ない状況を何度か目撃した。日本の外務省も病んでいた。そのため、組織の命令にしたがって、情報の隠蔽や歪曲などさまざまな悪事に従事した。その経験があるから、私はミッキーさんの質問に「そりゃ、悪人ですよ」と答えたわけだ。

神と悪魔が闘っている。
そして、その戦場こそは人間の心なのだ。

ドストエフスキー

他人の悪を能《よ》く見る者は、己が悪これを見ず。

足利尊氏

己の欲せざるところは人に施すこと勿《なか》れ。

孔子

大事をなしうるものは、小事もなしうる。

アリストテレス

人間は善良であればあるほど、他人の良さをみとめる。
だがおろかで意地わるであればあるほど、他人の欠点を探す。

トルストイ

人間を知れば知るほど、ますます犬が好きになる。

シャルル・ド・ゴール

物価が二倍になると、人間の道徳は二分の一になる。

蔣介石

忘却のお陰で悪というものが
いつまでも生きのびるってこともあるんだ。

木下順二（劇作家、評論家）

〈人間関係〉

困難な情勢になって
はじめて誰が敵か、
誰が味方顔をしていたか、
そして誰が本当の味方だったか
わかるものだ。

Takiji Kobayashi (1903 ~ 1933)
小林多喜二／日本の作家、小説家

人間関係は実に面倒だ。最近では、小学校から職場、あるいは老人ホームにおいてまでコミュニケーション力が過剰に要求される。コミュニケーション力を言い換えると、人間関係を巧みに処理する能力だ。以前は成績のよい生徒、運動能力に卓越している生徒は、スクールカーストの比較的上位に位置できたので、いじめの対象になることは少なかった。しかし現在では、スクールカーストを決めるのにコミュニケーション力が大きな要素になっているという。成績がよくスポーツが得意でも、コミュニケーション能力が低いとスクールカーストの下位に位置づけられ、いじめの対象になる可能性が高くなるのだ。社会人になればスクールカーストからは解放されるが、職場にも陰湿ないじめがある。職場で評価され、いじめられないようにするために、誰もが無理をしてでもコミュニケーション力をつけて、良好な人間関係を維持しようとする。だが、こういう無理は長続きせず、心身に変調を来してしまう場合も少なくない。

人間には危機から逃れようとする本能が備わっている。人間関係に疲れたとき一人になろうとするのも、自己崩壊を防ごうとする人間の本能に基づくものなのだろう。そして資本主義社会では、人々に需要があれば必ずそれに対応した商品が生まれる。たとえば、一人で孤独になる空間を確保するための商品だ。

手っ取り早く孤独を手に入れることができる。そんな商品が売れている。

簡易防音室「だんぼっち」。段ボール製、半畳ほどの広さで5万9800円。中で立ったり、両手を広げたりすれば、壁にぶつかるほどの大きさだ。

（中略）想定していた使途は、ネットに投稿する動画などの撮影ルーム。しかし、実際には「一人でこもる」「集中して本を読みたい」といったニーズも多かった。20代の男性を中心に約2千台が売れた。（2016年1月5日「朝日新聞デジタル」）

人間関係に疲れ、どうしようもなくなったときには、このような商品で一人になってみると、自分の内側から力がよみがえってくるかもしれない。もっとも、こういう手法は人によって効果は異なる。人間関係に疲れ切って切羽詰まった気持ちになっている人は、躊躇せずに精神科医の診療を受け、薬を処方してもらうことだ。

私は、初対面の人に会ったとき、「この人とつき合うと面倒な人間関係に巻き込まれそうだ」ということを直観的に感じる。そういうときには、相手に近寄るスキを与えない。誰とも良好な人間関係を維持しようとして疲れ切ってしまうと、作家としてよい作品が書けなくなるので、多少気難しい人と思われてもかまわないと考えている。

いい食事をすると、
みんなが仲良くなるのは不思議なことである。

サミュエル・ピープス

誰でも心の中にもっとも深く根ざしている願望は、
自分の本当の価値を認めてもらいたいということです。
他人の価値を認めなさい。
そうすればあなたの価値も認めてもらえます。

ジョセフ・マーフィー

人と会うのが苦手な人の大半は、
相手と打ち解けるのに時間がかかるものだが、
それは出会いの一瞬に相手に対する親愛の情を示さないからだ。

斎藤茂太

拒絶するのに多くの言葉を費やす必要はない。
相手はただ否という一言を聞けばよいのだから。

ゲーテ

誰でも友人の悩みには共感を寄せることができる。
しかし友人の成功に共感を寄せるには優れた資質が必要だ。

オスカー・ワイルド

朋友の間、悪しきこと、過ちあらば、面前でいうべし。
陰でそしるべからず、うしろめたく聞こゆ。
ただし、その善は陰でほむべし。

貝原益軒

自分について多くを語ることは、
自分を隠す一つの手段となり得る。

ニーチェ

〈孤独〉

人間元来一人で生まれて
一人で死んでいくのである。
大勢の中に混じっていたからって
孤独になるのは、わかりきったことだ。

Katai Tayama (1872〜1930)
田山花袋／日本の小説家

人間は、一人で生まれ一人で死んでいく。同時に、人間は群れをつくる社会的動物だ。社会にはいろいろな掟があるし、国家には法律、会社や学校には規則という面倒なものがある。生きていくうえでは、個人と社会の間で適宜バランスをとることが不可欠だ。会社や学校での生活は窮屈だ。そこから離れて孤独になってみたいと思うかもしれないが、現実問題として孤独はつらいものだ。もっとも、世の中には孤独でないとできない仕事がある。その一つが作家だ。私を含めて、作家が作品を書くときは常に孤独である。家族や編集者が作家を応援することはできるが、代わりに作品を生み出すことはできない。

作家の中でも、孤独の程度には濃淡がある。私のように評論やノンフィクションを主たる仕事にする作家は、取材や意見交換の機会も多いので孤独の程度は薄い。これに対して、無から物語を生み出していかなくてはならない作家は、常に激しい孤独と闘っている。そして、作家の孤独と社会の緊張から生み出されたのが私小説というジャンルだ。私小説とは、作者が直接に経験した事柄を素材にして書かれた小説のことだ。ここで引用した田山花袋は私小説の生みの親の一人である。花袋とみられる学校教師と女生徒との関係を描いた『蒲団』(1907年発表)が代表作だが、現代でいうと教師の女生徒に対するストーカー行為のようなものだ。率直に言って、面白くない。私小説でいう「私」はどこにでもいる平凡な人間でもいいが、作品には何らかの社会性が必要だと思う。その点で、最近出た私小説で私が最も感銘を受けた作品に、２０１５年の川端康成文学賞を受賞した大城立裕氏の『レールの向こう』（新潮社）がある。大城氏は以下のように記す。

私として私小説はめずらしい。ただ、妻が思いがけなく脳梗塞という病気を患い、それを見守っているうちに、それを作品にしなければならない衝動を抑えることができなかった。といっても、単なる病妻ものにはしたくない、と思っているところへ、亡友への思いと絡めることができ、それが独自の普遍性を生んで、川端康成文学賞を受けることができた。（中略）数十年間、「沖縄」にこだわってきて、「沖縄の私小説を書いています」と冗談を言ったりするが、この機会に両作品で、私小説の普遍的存在というものが見えてきた気もする。（２３２頁）

脳梗塞になった夫人の介護をする夫と、その後、大腿骨を骨折して入院する自身のリハビリ生活を記した私小説であるが、その中に沖縄の歴史、宗教、独自のものの見方、考え方についての考察が巧みに織り込まれている。熟練した作家でなくては書けない作品だ。これから、沖縄県名護市の辺野古新基地建設をめぐって沖縄と本土の関係が緊張する。本書は沖縄を理解するための必読書だ。

孤独は優れた精神の持ち主の運命である。

アルトゥル・ショーペンハウアー

孤独は、知恵の最善の乳母である。

シュティルナー

テレビという娯楽は、
数百万人の人々に同じ冗談を聞かせながら、
それでいて各人を孤独のままに置く。

エリオット

社会が性格にとって有益なものであると同じように、
孤独は想像力にとって有益なものである。

ローウェル

わたしは孤独ほど付き合いよい仲間を持ったことがない。

H・*D*・ソーロー

孤独はこの世で一番恐ろしい苦しみだ。
どんなに激しい恐怖も、みんながいっしょなら耐えられるが、
孤独は死に等しい。

ゲオルギウ

最高のものを求める人は、つねにわが道を行く。
人間は最高のものを決して共存しない。
幸福になろうとする人はまず孤独であれ。

ハーマーリング

どこにも人を引きつける所を持たないことを
自覚している人間は、それについてくよくよとあせるより、
自然のままで一人で生きているほうが賢明である。

河盛好蔵（フランス文学者）

〈信頼〉

真実を探している者を信じよ。
真実を見つけた者は疑え。

André Gide (1869 ~ 1951)
アンドレ・ジッド／フランスの小説家

人間の社会は複雑だ。信頼は、その複雑な社会で人間が上手に生きていくために不可欠な要素である。インターネットが普及し、20年前までは入手が難しかった情報に誰でも簡単にアクセスできるようになった。また、１００年前と比較すると教育水準も飛躍的に向上している。だが情報が十分あり、それを判断する教育を受けているにもかかわらず、現代の社会には反知性主義的な傾向が蔓延している。反知性主義とは、無知蒙昧のことではない。私が暫定的に定義しているのは、客観性や実証性を軽視もしくは無視して、自らが望むように世界を理解することだ。この反知性主義が、実は信頼と結びついている。

テレビや新聞で報道されたニュースが真実かどうか、インターネットなどで情報を探し、図書館で資料を調べて確認することは可能だ。しかし、われわれが毎日入手する情報は各人が検証できる量をはるかに超えており、それではいくら時間があっても足りない。

ここから、「とりあえず自分に理解できないことがあっても、必要なときは誰かが自分に説明してくれるだろう」という順応の気構えが生まれる。テレビのワイドショーのコメンテーターは、政治経済、外交、殺人事件から芸能界のゴシップ、さらに健康食品の効果など森羅万象について説明してくれる。まさに順応の気構えに対応する役割を果たしているのだ。その前提には、「テレビに出ている人なら信頼できる」という認識がある。信頼とは、複雑な世の中を理解するエネルギーと時間を削減するメカニズムなのだ。

政治家は、まず「どの官僚や学者が信頼できるか」を慎重に吟味する。そして、いったん「こいつは信頼できる」と考えると、その後はそういう官僚や学者の言うことを疑わなくなる。信頼は無償で他者に何かを与えることによって構築されるものなので、狡猾な官僚は最初の数カ月間、政治家に誠実に奉仕し、信頼関係が確立したあとに情報操作を始めて、自らが所属する官庁に有利な状況をつくり出していこうとする。政治家は官僚や学者を、国民はワイドショーのコメンテーターや新聞に出てくる有識者を一度信頼すると、その後、多少裏切られるような事態が生じても信頼し続ける。信頼が裏切られたことを認めると、「こんな人を信じてしまった自分が情けない」と惨めな思いをするからだ。

安倍政権の経済政策は富裕層の所得を増やしているが、圧倒的多数の国民の生活は向上していない。外交政策は場当たり的で、日本の国際的地位は日に日に低下している。国民もそのことに薄々気づいてはいるが、認めると惨めになるので、とりあえず安倍政権を消極的に支持している。しかし、安倍政権の失政がある閾値を超えて国民の信頼を失うと、自民党は国民から忌避されるようになる。政治の世界で、いったん失った信頼を回復することは、民主党（現民進党）の例を見ても明らかなように、至難の業だ。

光るもの、必ずしも金ではない。

英米のことわざ

約束を守る最上の方法は、決して約束しないことだ。

ナポレオン・ボナパルト

汝の敵を許しなさい。ただし、名前だけは忘れるな。

ジョン・F・ケネディ

嫉妬をする人はわけがあるから疑うのではありません。
疑い深いから疑うんです。

シェイクスピア

信用は鏡のガラスのようなものである。
ひびが入ったら元通りにはならない。

アンリ・フレデリック・アミエル

人間は他人の嘘にはたやすく気づくものであって、
ただその嘘が自分にもおもねるときか、
あるいはちょうど都合のよいときだけ、
それを信じるのである。

ヒルティ

人間は本当に落ちるところまで落ちると、
もはや、他人の不幸を喜ぶ以外の楽しみはなくなってしまう。

ゲーテ

〈男と女〉

男というものは、
自分の愛している女を憎み、
そしてどうでもよい女を
愛するものだ。

Arthur Schnitzler (1862～1931)

アルトゥル・シュニッツラー『恋愛三昧』／オーストリアの小説家、劇作家男と女の関係は実に難しい。関係をこじらせるとストーカー事件に発展することさえある。ストーカー対策の第一人者である小早川明子氏は、こう述べる。

プライドが高くて傷つきやすく、自分を抑圧してきた人は、他人のことも批判の目で見ます。批判するには正義を盾にするのが最も簡単で、「約束を守れ」「無視するな」と常に自分を正当の位置に置きたがる。その意味ではストーカーは実に律儀で、まるで教師のような態度で「誠意」「信頼」「道徳」「人として」といった言葉を多用します。

けれども実際にしていることはストーキングですから、外から見れば、言葉と行動が反比例しているような自己矛盾をさらけ出しています。

（中略）「破恋型」ストーカーの中には、相手がいなくなってしまったことでパニックを起こして、薬物依存の禁断症状のように制御不能の状態に陥っている人がいます。特徴的なのは、依存対象を破壊していくことです。

交際中は逃げられないように支配していたのが、その相手が逃げ出すと、「あなたがいないと生きていけない」と追いすがり、それでも戻らなければ「死にたい、死んでもらいたい」と言い出して相手を苦しめ、果ては「殺したい」とまで考えてしまう。

そこまで相手によりかかろうとするのは、独りで生きることへの不安が極端に強いからだと私は考えます。それは学歴や社会的地位、収入とは関係ありません。

（小早川明子『「ストーカー」は何を考えているか』新潮新書・71〜72頁）

私の周囲にもいるが、自己愛の延長線上で無理に異性のパートナーを見つけようとする人は、いったん人間関係が崩れるとストーカー的な行動をする傾向が強いようだ。男女を問わず、若いうちにストーカーの被害経験があると男女交際に臆病になる。同時に、「一生一人で生きていけるだろうか」という不安を抱えるようにもなる。その結果、うつ状態になって仕事や学業に悪影響を及ぼすようになった事例も珍しくない。

私も「どうやったら恋人を見出すことができるか」という相談をときどき受ける。一人ひとりが独自の問題を抱えているため、こういう質問に一般的な回答はない。それでも、一般的に通用する、男女関係に強くなるコツが二つある。第一は経済的に自立し、自分一人で生活していけるという自信と客観的な根拠を持っていること。第二は、他人の気持ちになって考える訓練ができていることだ。この二点が担保されていれば、ストーカーの被害者、加害者のいずれになる可能性からも、かなりの確率で免れることができる。

男は妻や愛人が嫌いになると、逃げようとする。
だが、女は憎い男には仕返ししようと、
手元に抑えておきたがる。

シモーヌ・ド・ボーヴォワール

女には、どうしてもわからないテーマが一つある。
男は仕事に注ぐだけの熱情をなぜ家庭に注げないのか、
ということだ。

D・デックス

美しい女たちのことは、想像力のない男たちに任せておこう。

マルセル・プルースト

男は建設すべきものも、破壊すべきものもなくなると、
非常に不幸を感じるものである。

アラン

女をよく言う人は、女を十分知らない者であり、
女をいつも悪く言う人は、女を全く知らない者である。

モーリス・ルブラン

男と交際のない女はだんだん色あせる。
女と交際のない男はだんだん馬鹿になる。

アントン・チェーホフ

女が男の友だちになる順序はきまっている。
まずはじめが親友、それから恋人、
そして最後にやっとただの友だちになるというわけだ。

アントン・チェーホフ

男は自分の知っているたった一人の女、
つまり自分の妻をとおして、
女の世界全体をいい加減に判断している。

パール・バック

〈結婚〉

結婚したまえ、
君は後悔するだろう。
結婚しないでいたまえ、
君は後悔するだろう。

Søren Kierkegaard (1813〜1855)
キルケゴール／デンマークの哲学者、思想家

愛する人がいたら、結婚したらいいと思う。結婚の形態は、自分の姓に相手を入れる、相手の姓に自分が入る、日常は戸籍上の姓ではなく旧姓を名乗るなど、お互いでよく相談して、いちばん納得できるようにすることをおすすめする。私の友人で、結婚して子どももいるが、あえて籍は入れず同棲のままという形をとっている大学教授もいる。「結婚は私事であり、国家とは関係ないので、籍は入れない」というのだ。こういう考え方も成り立つと思う。また、相手が離婚に応じてくれないので、籍を入れられないまま、別の人と事実上の結婚生活をしている例もある。

結婚の形態は重要ではない。夫婦とは、関係を構築することである。寝食を同じくし、セックスをするだけでは夫婦とは言えない。お互いを愛し合い、相手の気持ちになって考えて行動することが、夫婦にとって何よりも大切なのだと思う。

若いころは、恋愛の相手としてよい人と、夫婦として一生のパートナーとなる人の区別がつかない。私自身も、一回目の結婚には失敗した。離婚は極力経験しない方がいい。結婚が相互信頼に基づいてとんとん拍子に進んでいくのに対して、離婚は相互不信の原理に立つ。それに、一定期間一緒に暮らしてきたわけだから、相手の手口はだいたいわかる。お互いの言っていること、やっていることの裏を読みながら、陰険な神経戦が続く。離婚は、結婚の3倍くらいのエネルギーがかかると覚悟しておいた方がいい。

それでは、どうすれば離婚しないでよい相手を見つけることができるか。気が合ったら、まず3カ月とか6カ月とか期間を決めて同棲することだ。一緒に生活していると、恋人時代には気づかなかった相手の癖や性格、趣味がわかる。そのうえで、「この人と一緒にやっていくことができる」と思ったら結婚すればいい。

生活を一緒にするということは、二人だけで生活していくことができる経済基盤を前提とする。家計について考えないで結婚すると、あとで深刻なトラブルが発生しやすい。結婚しても、お互いに自由になる金を持っていないとストレスがたまる。結婚の初動の時点で、家計に対する考え方を夫婦でよく話し合うのがいい。

結婚したあとで、「実はこの人と一緒になった方がよかったのでは」と思うような人が現れても、「結婚は先着順だ」と考えて、現在の生活を崩すようなことをしてはならない。浮気は、はじめは恋人感覚で楽しいと思うかもしれないが、それは幻想だ。しばらくすると必ず浮気は重荷になる。さらに、浮気はいつかばれる。特に職場での不倫が露見すると、人事異動の対象になる可能性が高い。あるいは職場での浮気が泥沼になると、セクハラやパワハラで訴えられ、職を失う可能性もある。

結婚は雪景色のようなものである。
はじめはきれいだが、やがて雪どけしてぬかるみができる。

山本有三

結婚へは歩け。離婚へは走れ。

ユダヤの格言

愛する者と一緒に暮らすには一つの秘訣がいる。
すなわち、相手を変えようとしないことだ。

シャルドンヌ

夫が浮気していると思った妻の80%は、
結局、それが事実だと知らされます。

ウィリアム・カッツ

どうせどの夫を選んだって大差ないんだから、
最初のをつかんでおけばいいのよ。

アデラ・ロジャーズ・セント・ジョンズ

一窯のパンを焼き損ねれば一週間、収穫が悪ければ一年間、
不幸な結婚をすれば一生を棒に振る。

エストニアのことわざ

レストランで食事を共にしている夫婦たちの様子を見たまえ。
かれらが押し黙っている時間の長さは、
夫婦生活の時間の長さにとかく比例しがちである。

モロア

女性が結婚するのには大きな理由がある。
しかし男性が結婚する理由は一つもない。
群棲欲がかれらを結婚させるだけのことである。

モンテルラン

〈猫〉

私は猫に対して感ずるような純粋なあたたかい愛情を
人間に対していだく事のできないのを残念に思う。
そういう事が可能になるためには
私は人間より一段高い存在になる必要が
あるかもしれない。

Torahiko Terada (1878 ~ 1935)
寺田寅彦『寺田寅彦随筆集』／日本の物理学者、随筆家

私は動物、特に小動物が好きだ。今まで飼ったことがあるのは金魚、ドジョウ、錦鯉、亀、鰻、文鳥、猫。そのうち、猫と文鳥が同じくらい好きだ。現在、わが家には5匹のオス猫がいる。本当は文鳥も一緒に飼いたいのだが、それでは文鳥にかかるストレスが大きいので、猫だけで我慢している。

「猫のどこが好きですか」という質問に対して、愛猫家《あいびょうか》はさまざまな答え方をする。「自由なところ」「飼い主のことを気にせず、マイペースで生きているところ」という意見が多いと思う。私の場合は少し違う。私は友人に「猫の最大の美徳は、忠実で誠実であることだ」といつも強調しているが、私のこの発言に対して、猫好きの人でもちょっと首をかしげる。「猫は飼い主にそんなに忠実でしょうか。うちの猫は自分に用事があるときしか寄ってきません。それ以外は、いくら呼んでも知らんぷり。それに、猫は人間がいるときはテーブルの上に乗りませんが、外出から帰ってくるとテーブルの一部分が温かくなっていて、猫の毛が落ちています。猫が誠実というのも、ちょっと違うと思います」というコメントを私にする人もいる。

しかし、猫が忠実で誠実であることは私にとって絶対的な真理だ。２００2年5月14日、私は職場の外務省外交史料館（東京都港区麻布台）において、「鬼の特捜」（東京地方検察庁特別捜査部）によって逮捕された。容疑はイスラエルで行われた国際会議への公金支出をめぐる背任だったが、検察の目的は外務省と鈴木宗男氏をつなげる事件をつくることだった。結局、私が迎合的な供述をしないので、検察は宗男氏絡みの事件をつくることができなかった。検察官による厳しい取り調べ、冷暖房がない独房での512日間の生活は、気合いを入れれば耐えることができた。つらかったのは、外務省時代に信頼していた上司や同僚が検察に迎合して私を陥れる供述をし、それを供述調書で読んだときだ。人間は、どんなに信頼関係が確立していると思っていても裏切るのだということを実感した。こういう供述をした人のほとんどは、私に対して悪意を持っていたわけではない。検察の激しい圧力にさらされたとき、人間には過剰迎合をしてしまうという性があるのだ。

獄中でのこの体験を経て、私の中で猫に対する信頼感が飛躍的に増大した。餌をやり、トイレの掃除をする飼い主との間で確立した信頼関係を、猫の方から裏切ることはない（人間は猫を捨てることがある。これは人間による猫に対する裏切りだ）。どんな窮地に陥っても、猫が東京地検特捜部に駆け込んで、誰かを陥れる供述をし、調書に署名、押印することはない。それだから、現在、私は全面的に信頼する2匹の元捨て猫、2匹の元野良猫、1匹の元地域猫（いずれも去勢済みのオス）と楽しく暮らしている。

猫は犬よりも利口だ。
雪の上でそりを引いてくれる猫を８匹も集められない。

ジェフ・ヴァルデス

猫を飼うことはできても、支配することはできない。

ケイト・サンボーン

私はブタが好きだ。
犬は我々を尊敬するし、猫は我々を見下す。
ブタは我々を対等に扱ってくれる。

ウィンストン・チャーチル

犬が膝の上に乗ってくるのは親愛のしるし。
猫が膝に乗るのは、そこのほうが温かいから。

アルフレッド・N・ホワイトヘッド

猫と過ごす時間は、決して無駄にはならない。

フロイト

人生の苦しみから避難する方法がふたつある。
それは音楽と猫である。

シュバイツァー

猫は、どんなに小さくても最高傑作である。

レオナルド・ダ・ヴィンチ

動物はほんとうに気持ちのいい友だちである。
彼らはいかなる質問もしないし、いかなる批評もしない。

ジョージ・エリオット

〈友人〉

誰の友にもなろうとする人間は、
誰の友だちでもない。

Wilhelm Pfeffer（*1845 〜 1920*）
ヴィルヘルム・ペッファー／ドイツの植物生理学者

日本人は義理堅いと言うが、私の経験では必ずしもそうとは言えない。いざというときに「義理を欠き」「人情を欠き」、さらに「平気で恥をかく」という「サンカク人間」がかなりいる。2002年、鈴木宗男疑惑の渦に巻き込まれたときにそのことを経験した。

実を言うと、このときの経験で私はマスコミ関係者を信用しなくなった。外交官時代、親しくしていた記者は100人以上、名刺を交換した記者は1000人を軽く超える。しかし、鈴木宗男バッシングが始まると、私を攻撃したり、検察庁に私を陥れるような情報を流したりする記者が何人も現れた。結局、最後まで私との友情を大切にし、「あたかも何事もなかったがごとく」普通につき合った記者は共同通信、朝日新聞、産経新聞にそれぞれ一人いただけだ。この三人は私にとって大切な友人であり、今でも家族同様に親しくつき合っている。ちなみに、私が職業作家となってから、当時は陰で私を攻撃していた記者たちが、「心の中では佐藤さんを応援していました」などと言って近寄ってくる。

「心の中で応援していたとしても、あなたは私を攻撃する記事を書いたのですから信用できませんね」と言い返したいところだが、そこは感情をグッと抑えて、「全然そうは見えませんでしたが、心の中で応援してくださったことには感謝します」と答えている。もちろん、こういう記者たちと親しくつき合う気持ちにはならない。人生は短い。本当に信頼でき、充実した話ができる友人と残りの時間をすごしたい。

最近は、フェイスブックで1000人以上の「友達」を持っている人も少なくない。しかし本当の友人は、直接会うことができるリアルな関係がなければできないと私は信じている。だから、学生時代の友人との関係が一生続くことが多いのだ。同志社大学神学部時代の友人とは長い間会うことがなかったが、鈴木宗男事件で逮捕されると同時に、「佐藤優支援会」を立ち上げてくれた。「マスコミでの報道と学生時代から僕たちが知っている佐藤のイメージがあまりにもかけ離れている。報道よりも自分の皮膚感覚を信じる」というのが、神学部の友人や教師の対応だった。

ロシア人やイスラエル人の世界では、友人という言葉の意味は重い。「私には、友人が100人います」と言うような人は信用されない。友人の基準が甘すぎるからだ。友人とは、自分に不利益がもたらされても、状況によっては命の危険を覚えるようなことがあっても、自分を守ってくれる人のことだ。これが10人を超えることはない。私には、イスラエルとロシアに本当の友人がいる。この人たちは、鈴木宗男疑惑のときもリスクを負って私を守ってくれた。このうちの何人かとは、おそらく今後の人生で会うこともないだろう。しかし、リアルなつき合いを通じてできた友情は、一生続くのである。

大体人生相談してくるのは、
相談前にもう自分で答えが決まっているものが多い。

寺山修司

12歳の時のような友達はもうできない……もう二度と……。

『スタンド・バイ・ミー』

25歳を過ぎた成人の性格を変えるのは、
猫にダンスを教えるより難しい。

ことわざ

敵には一度、友には何度でも注意しろ。

パレスチナの格言

巧言令色鮮《すく》なし仁。

孔子

どんなに仲のよい、美しい打ち解けた関係であっても、
阿諛《へつらい》とか賞賛とかいうものは、
車輪の進行に油が必要なように、
ぜひなくてはならないものである。

トルストイ

最も親しき友人といふものは、常に兄弟のやうに退屈である。

萩原朔太郎

軽率に朋友となるなかれ。
すでに朋友たれば軽率に離るるなかれ。

ソロン

愚か者は、ちょっと暖かくなると、古い冬着を脱ぎ捨てる。
幸福の夜が明けそめる時こそ、
不運だった時代の善い友だちのことを忘れてはならぬ。

ヴィルヘルム・ミュラー

〈恋愛〉

恋というのは
ひとつの芝居なんだから、
筋を考えなきゃ駄目だよ。

Junichiro Tanizaki (1886～1965)
谷崎潤一郎『陰翳礼讃』／日本の小説家

恋愛とは、人間の感情の中でも最も面倒なものだ。燃え上がるような感情なので、理性で制御できなくなり、周囲の忠告も聞こえなくなってしまう。恋愛も愛情の一種であるが、恋愛だけを愛情と勘違いしてはいけない。ギリシア語では愛情を3つに区別する。第一がエロースで、これは自分に欠けているものが相手にある場合、それを求める熱烈な愛情を指す。恋愛もエロースに含まれる。第二がフィリアで、これは友人間で成立する愛情だ。相手を一方的に求めることをしない。お互いに相手の気持ちになって、尊重し合うのである。第三がアガペーだ。これは見返りを一切求めない、一方的な愛情を意味する。神の愛はアガペーで表現される。キリスト教の牧師や神父は、エロースを軽視してアガペーに達する努力をするようにと説教するが、それは罪深い人間に対する実現不能の要求ではないかと思う。人間には喜怒哀楽の感情があるため、どんな人格者でも怒りや悲しみから完全に離れることはできない。また、エロースは仕事の動機になる。エロースから芸術作品が生まれることも多い。

外務省の先輩（男性）で、いつも恋愛をしている人がいた。決してハンサムではないが、よくモテた。女性とホテルに泊まって着替えずに役所に登庁しても汚れが目立たないように、カーキ色のワイシャツを着ていた。あるとき私がその先輩に「いろいろな女性とつき合っていて、よくトラブルに巻き込まれませんね」と水を向けた。するとその先輩は、「女性の方から逃げていく技法を身につければ、恋愛がトラブルに発展することはない」と言う。白人の女性なら、高級レストランでずるずる音を立ててスープをすする、鼻糞をほじってテーブルクロスになすりつけるなどすれば、だいたい女性の方から逃げていくという。私が、「それでも逃げていかないときはどうするんですか」と尋ねた。先輩は、「そういうときには、白人にも日本人にも効果絶大な奥の手がある」と言って、こう続けた。「相手の両親の悪口を言うんだ。徹底的に罵倒する。そうすれば、どんな女性でも離れていく。僕は今までこのやり方で失敗したことがない」。たしかに、両親の悪口を言われたら不快になる。そして、そういうことを言う人とはつき合いたくないと考えるだろう。私は先輩に「そんなことをしたら軽蔑されるじゃないですか」と反論した。すると先輩は、「相手からずっと尊敬されたいなんて考えていたら、恋愛なんかできない。この女性がいいと思ったら全力で突進していく。そうすれば、かなりの確率で恋愛は成功する。しかし、面倒なことに恋愛はすぐ飽きる。だから、古い恋愛を捨て、新しい恋愛に進まなくてはならない。そのためには、今君に教えた技法が役に立つ」。私は、そんな技法を身につけて恋愛を重ねるよりも、フィリア、すなわち友人との愛情を大切にしたいと思う。

頭のいい人は恋ができない。恋は盲目だから。

寺田寅彦

二十代の恋は幻想である。三十代の恋は浮気である。
人は四十代に達して、初めて真のプラトニックな恋愛を知る。

ゲーテ

心の底を傾けた深い交わりは禁物です。
愛情の紐は解《ほど》けやすくしておいて、
会うも別れるも自由なのがよいのです。

エウリーピデース

男女の仲というのは、夕食を二人っきりで三度して、
それでどうにかならなかったときはあきらめろ。

小津安二郎

恋は火と同じように絶えず揺れ動いてこそ保たれる。
期待したり、恐れなくなったりしたら、もうおしまいだ。

ラ・ロシュフーコー

私たちはときとして情念に動かされ、
これを熱心さと思い違える。

トマス・ア・ケンピス

恋愛は戦争のようなものである。
はじめるのは簡単だが、やめるのは困難である。

メンケン

初恋に勝って、人生に失敗するのはよくある例で、
初恋は敗れるほうがいいという説もある。

三島由紀夫

〈愛〉

深く愛していたものを憎むことは
なかなかできない。
火は消し方が悪いと、
まもなく、また燃え上がる。

Pierre Corneille (*1606～1684*)
ピエール・コルネイユ／フランスの劇作家

新約聖書に書かれている「アガペー」という言葉を「愛」という日本語に翻訳したために、近代以降の日本人には、かえって愛がわかりにくくなってしまった。「アガペー」を「慈悲」と訳して、愛はむしろセックスや物欲などと結びついた執着する感情であると区別すれば、愛をめぐるさまざまな誤解は解けたと思う。

ここでは人間的な愛、すなわち執着する愛について記す。人間も動物である。動物には生殖本能がある。現代の動物行動学によれば、動物は種を保存するために行動しているのではない。できるだけ自分の遺伝子を増やすことを目的に生きている。猫の世界を見てみよう。動物行動学者の山根明弘氏はこう記している。

生物学的に、哺乳類などの繁殖に関しては、オスは子供の数（量）を、メスは子供の質を重視します。このオスとメスの求めるところの違いによって、オスはメスを独占できる上下関係をつくろうとし、メスはダッシュによってそれを積極的に壊そうとする、オス・メス間の対立の構図を生み出します。オスねこは、子供の世話を全くしませんから、子供をいくらたくさんつくっても、自分の負担になることはありません。従って、近親交配であっても、できるだけたくさんの子供をつくるような行動にでるのでしょう。一方、メスねこは、一生に産める子供の数には限りがあります。特に、ノラネコの場合、一生のうちにメスは数回しか繁殖することができません。従って、限られた出産のなかで、仔ねこを無事に健康に育てあげるには、近親交配の悪影響がない、質の良い相手（遺伝子）を選ぶように行動することが予想されます。その目指す到達点のちがいは、オスは力強く、そしてメスはしたたかに、といったオスとメスとでの「ねこの生き方」の違いにも現れていると考えられます。

（山根明弘『ねこの秘密』文春新書、166～167頁）

人間も放置しておけば、これと同じ状態になる。男はあちこちで女性とセックスをしようとするのに対して、女は男を吟味して、「これ」と思う男の子どもをつくろうとする。しかし、それは愛ではなく、少しでも自らを拡大しようとする遺伝子の作用だ。

もっとも、このようなドーキンスの「利己的な遺伝子」のような見方は、資本主義社会の構造を反映して、無意識のうちにそれを動物の行動に適用しているのかもしれない。

人間的な愛を中心に生きていくということは、一生セックスに振り回される危険性を高めることになる。性欲とは別の次元で、相手が男であっても女であっても、人間として尊敬することができ、一緒にいて楽しく、かつ勉強になる人間関係を大切にしていきたい。

理解し合うためにはお互い似ていなくてはならない。
しかし愛し合うためには少しばかり違っていなくてはならない。

ポール・ジェラルディ

もしも人から、なぜ彼を愛したのかと問い詰められたら、
「それは彼が彼であったから、私が私であったから」
と答える以外には、何とも言いようがないように思う。

モンテーニュ

この世で一番重い物体は、もう愛していない女の体である。

ボーブナルグ

愛とかゆみと咳だけは、どんなことをしたって、
隠し通すことのできないものである。

トーマス・フラー

愛する相手に借りがある。
いつもそう感じている人こそ、本当に愛しているのです。

ラルフ・W・ソックマン

愛の本質は個人を普遍化することである。

コント

愛の実体を追求しすぎることは、
ラッキョウの皮をむくようなもので、
むきすぎるとなくなってしまいます。

伊藤整

愛とは、この女が他の女とは違うという幻想である。

メンケン

第Ⅱ部

働くということ

〈労働〉

人に魚を与えれば
一日で食べてしまうが、
人に釣りを教えれば
一生食べていける。

Laozi（生没年未詳）
老子／中国の哲学者

人間は、誰もが働かなくては食べていくことができない。人間の生活の基礎は労働なのである。その意味で、私は労働価値説を経済学の基本にすえるべきだと考える。時給1000円のパートやアルバイトで10時間がんばって働いて得た1万円と、FXや株の売買で1分間で得た1万円とでは価値が異なる。10時間労働して得た1万円の方がずっと価値がある。こういう考え方が社会で主流になると、従業員も会社も強くなる。

労働には大きく分けて2種類あることを覚えておいた方がいい。一つは、誰でも代替することができるコモディティ（商品）としての労働だ。男性なら体力勝負でがんばれば、若いころは何とか稼ぐことができる。しかし、30代半ばで体力は衰えてくる。そして、40歳で実質的に定年ということになりかねない。女性の場合、若さと美しさで勝負できるのはやはり30代までだと思う。それまでに、コモディティから抜け出す努力をしなくてはならない。

もっとも、普通の人が余人をもって代え難い特殊技能を身につけることは至難の業だ。それより、現在の職場で与えられた仕事をきちんとこなし、「あの人に任せておけば大丈夫」という信頼を周囲から確保することが重要だ。

普通の職場では、勤続年数とともに少しずつ難しい仕事を任せられていく。組織には、そのようにして人間を鍛える力がある。特定の分野で10年間、一生懸命仕事をすれば、他の人と比較して秀でた、あなたの能力を十分にいかせる仕事が必ず見つかる。そして、その分野で第一人者となることが、あなたが組織で気持ちよく生きるための条件となる。老子が言うように、釣りの技術を身につけた人は、一生食べていくことができるだろう。

ただ、世の中にはとんでもないブラック企業がある。こういう企業に長居しても、あなたは搾取と収奪でボロボロにされてしまう。自分が勤めている企業は、口やかましいが面倒見のいい上司がいる優良企業なのか、それとも、上司は部下から、会社は上司から吸い取ることだけを考え、人間を単なる金儲けの駒としか見なしていないブラック企業なのか——。これをどこで見わければよいのだろうか。

あなたの3年、5年、10年先輩を見てみよう。その中に一人でも、仕事の能力的にも人間的にも尊敬できる人がいるなら、その会社はブラック企業ではない。尊敬できる先輩のノウハウを真似る（盗む）ことで、あなたも確実に成長していく。

もし尊敬できる先輩が一人もおらず、超過勤務時間が月200時間を超えるようなら、そういう会社からは一刻も早く逃げ出すことをおすすめする。こういう場合、人生の転換は早ければ早いほどよいからだ。

人生の前半は活力があるのにチャンスがない。
人生の後半はチャンスがあるのに活力がない。

マーク・トウェイン

仕事が楽しみなら人生は楽園だ。
仕事が義務ならば人生は地獄だ。

マクシム・ゴーリキー

私はうちの会社のみんなに、
「自分が幸福になるように働け」っていつもいってるんですよ。
会社のためでなく、自分のために働けって。

本田宗一郎

人を偉大ならしめるものはすべて労働によって得られる。
文明とは労働の産物である。

サミュエル・スマイルズ

貨幣とは奴隷制度の新しい形式だ。

トルストイ

満足な仕事ができないと思ったときは、
素直に自分のレベルに合った仕事を探しなさい。
たとえそれが石割りであったとしてもである。

ジェームズ・ギャンブル

多くを所有するものは、なお多くを手に入れる。
わずかしか所有しないものは、
そのわずかなものさえ奪われてしまう。

ハイネ

人間は、かれが日常従事している労働のうちに
かれの世界観の基礎をもとめなくてはならぬ。

ペスタロッチ

〈お金〉

金銭は独立の基本なり。
これを卑しむべからず。

Yukichi Fukuzawa (1835 ~ 1901)
福沢諭吉／日本の蘭学者、思想家

資本主義社会の特徴は、人間が自分の欲望を商品によって手に入れるところにある。お腹が空けば、レストランで食事をとる。DVDが見たければ、レンタルショップで借りる。本が読みたければ、本屋で買う。英語を勉強したければ、英会話学校にお金を払って通い知識を身につける。どんな欲望を実現する場合にも商品を避けて通ることはできない。

商品には必ず値札がついている。金に換算することのできない商品は存在しない。われわれが商品を抜きにして生活できないということは、金のない人生はありえないということだ。資本主義社会において、金は何よりも大切な価値なのである。

ちなみに、圧倒的大多数のビジネスパーソンも自分の労働力を商品として売ることで生活している。会社があなたを1カ月30万円で雇っているとするならば、あなたは40万円か50万円の利益を会社にもたらさなければならない。株式会社の目的は営利の追求だ。それに役立たない社員に価値はないのである。裏返して言うと、会社に価値をもたらす優れた労働力をあなたが提供することができるならば、会社はあなたを大切にする。

資本主義社会で、金を軽視する人間は絶対に成功しない。福沢諭吉が「金銭は独立の基本なり。これを卑しむべからず」と述べたことを肝に銘じておくべきだ。ただし、金には面倒なところがある。カレーライス、牛丼、DVD、本などはそれぞれ商品だ。商品はつくれば必ず売れるというわけではない。売れないような商品をつくっている企業は倒産してしまう。それに対して、金があれば、どのような商品でも購入することができる。すなわち、金はいつでも商品に換わるが、商品が必ず金に換わるという保証はない。

1万円札をつくるのにかかる原価は、紙代、インク代、人件費を含めて約22円だ。原価22円の紙切れで1万円分の商品が買えるのは、1万円という紙幣にそれだけの購買力があると誰もが信じているからだ。マルクスは、物が神様のような力を持ってしまうことを「物神性」と呼んだ。資本主義の論理に埋没してしまうと、「金で買えないものはない。愛情だって、権力だって、名誉だって金で買うことができる」と本気で信じている、本質的につまらない人間になってしまう。そういう人間は、金儲けのために平気で義理や人情を欠き、恥をかいても平気になってしまう。そうならないようにするためには、何のために金が必要であるかを考える習慣をつけておくことが重要だ。

ノートでもスマートフォンのメモでもいいので、自分が欲しい物をすべて書き出してみよう。家や車のような大きな物から文房具、DVD、ランチメニューでも何でもいい。それぞれの商品を購入するのにいくらかかり、そのためにはどれくらい働けばいいか、頭の中で計算してみる。こういう習慣が身についている人が、中流の生活を維持できる。

「お金がすべてじゃない」などという人に限って、
たんまりお金を持っているものだ。

作者不詳

貸すならば、失くしても惜しくないだけの額を貸すことだ。

ジョージ・ハーバート

貧乏は恥ではないが不便である。

シドニー・スミス

富は海の水に似ている。
それを飲めば飲むほど、喉が渇いてくる。

アルトゥル・ショーペンハウアー

金が何よりも卑しく、しかも厭わしいのは、
それが人間に才能まで与えるからである。

ドストエフスキー

金銭は肥料のようなものであって、
ばら蒔かなければ役には立たない。

フランシス・ベーコン

月夜に夜なべはせぬが損、
稼ぎに追いつく貧乏はなし。

近松門左衛門

〈仕事の技法〉

難問は分割せよ。

René Descartes (1596 ~ 1650)
ルネ・デカルト／フランスの哲学者、数学者

仕事ができるようになるためには、いくつかの鉄則がある。まず、自分の能力を客観的に見極めることだ。自己の能力を過大評価しても過小評価してもいけない。過大評価の場合、必ず失敗するので問題は自ずと顕在化する。厄介なのは過小評価の方だ。

優等生型の人は自己の能力を過小評価する傾向がある。しかし、いつも易しい問題だけ解いて100点をとっても学力が向上しないのと同じように、易しい仕事を失敗することなくやり遂げても仕事の技法は向上しない。人間の能力は取り組む仕事の量と質で変化していくため、自分の実力から2割増しくらいの負荷をかけて仕事をするのがいい。

難しく、複雑な仕事については、それをいくつかに分割することが重要だ。分割したあとで、まずいちばん難しい部分に取り組んでみよう。そして、なぜ難しいかについて、理由をノートに書き出してみる。外国語力が足りない、数学的知識が不十分である、高度な専門的知識が必要になるなど、原因がわかれば、その解決法も見えてくる。通訳や専門家の助けを借りることで、問題を解決することが可能になる。

気をつけなければならないのは擬似命題だ。擬似命題とは、前提に難があるので、そもそも意味がない命題のことである。たとえば、「ウサギの角《つの》の先は尖っているか、それとも丸いか」という設問において、そもそもウサギには角がないのでこういう命題には意味がない。２０１５年1月に起こった「イスラム国」による日本人人質事件で、テロリストは72時間以内に身代金2億ドルを支払うよう要求した。これは典型的な擬似命題である。

分割して考えれば問題点が見えてくる。身代金の支払いに銀行送金は馴染まない。現金か金塊で支払うのが通常だ。百貨店で用いる紙袋に１００ドル紙幣をいっぱいに詰めると50万ドルになる。新札は追跡されやすく、テロリストが受け取りを拒否するので、使用済みの１００ドル紙幣を準備しなくてはならない。だが、紙幣の総重量は約2トンになる。72時間以内にこれだけ大量の使用済み紙幣を集めることは不可能だ。金塊で準備するとしても約４・5トンになる。これだけ大量の紙幣や金塊の受け渡しを密かに行うことも不可能だ。こうして見れば、「イスラム国」の目的がカネではなく、日本政府を翻弄することだというのは明白だった。しかし、日本のマスメディア関係者や有識者は、「身代金を支払うべきか否か」という擬似命題に精力を割くことになってしまった。

未知の問題が出てきたとき、それを分解して易しい部分と難しい部分に分ける習慣ができていればうろたえることはない。そして、最も難しい部分の解決にめどが立てば、それ以外の問題はきれいに片付いていく。擬似命題に足をすくわれなければ、どのような問題でも解決の糸口を見出すことができるわけだ。

“足して２で割る”案は最悪になる。

加賀見俊夫（実業家）

まず難しい仕事から始めなさい。
易しい仕事は、勝手に片付いていくだろうから。

デール・カーネギー

40歳より前は勝つように、40歳からは負けぬように。

武田信玄

決定をあせってはならない。
一晩眠れば良い知恵が出る。

プーシキン

悪い話は単刀直入に言うのがよい。

オスカー・ワイルド

上司の弱点を指摘するな。

黒田官兵衛

サラリーマン人生を面白くしたいなら、
与えられた持ち場ごとに、ひとつでもいいから、
「あれは私がやったんだ」
と言える仕事をやるように努力することだ。
先例に従って、
ソツなく仕事をこなすだけでは後に何も残らない。
振り返った時、寂しいと思うよ。

河合滉二（経営者）

何かをさせようと思ったらいちばん忙しいヤツにやらせろ。
それが事を的確にすませる方法だ。

ナポレオン

〈交渉術〉

外交において嘘をつけば、一時的に有利になることが多い。
しかし有利になるからといって、
いつも嘘をついていれば信用がなくなる。
長期的には信用を失うことによって喪失する利益のほうが、
嘘をついて得る利益よりもはるかに大きい。
それが外交というもので、
だから外交において嘘をついてはいけない。

Harold Nicolson (*1886〜1968*)
ハロルド・ニコルソン／イギリスの外交官、歴史家

交渉には相手がある。したがって、こちらの要求が100％通るという交渉はまずありえない。もちろん「この条件をのまなければ、戦争によってお前の国を叩き潰す」という最後通牒を突きつけて、相手国にこちらの条件をすべてのませるという事例がないわけではない。しかし、もしそういうやり方で交渉で勝つことができても、相手国には恨みが残るし、国際社会からも、「あの国は力を背景にやりすぎる傾向がある」と危険視されることになってしまう。したがって、最後通牒を用いたゴリ押し外交をする国家は、中長期的には損をすることになる。

ビジネスパーソンも同じだ。押し出しが強く、「俺が先だ」という調子で他人を蹴落とし、嘘までついて業績をあげようとする人を考えてみよう。とりあえず数字をあげるので上司はこういう部下を重宝するが、やりすぎるので人間的には決して尊敬されず、出世もしない。外交でもビジネスでも、交渉は何度も繰り返される。今回の交渉ではこちらが譲歩したとしても、次回は相手に借りを返してもらい、前回譲歩した以上の成果が得られるなら、交渉術としては成功なのである。

私の外交官時代の上司だった東郷和彦氏（外務省条約局長、欧亜局長を歴任。オランダ大使のとき鈴木宗男疑惑の嵐に巻き込まれ、大使を免職された）は、交渉の達人だった。

特に、北方領土周辺海域で日本漁船が操業できる枠組みをまとめた「安全操業協定」は、日本外交交渉上の傑作だった。

東郷氏は、「外交交渉では、こちらが51％以上とるのが勝利と考える。しかし、それでは交渉は絶対にまとまらない。相手も51％以上をとろうと必死になっているからだ。角を突き合わせて、やっとフィフティ・フィフティで折り合いがつく。しかし実際には、折り合いがつかずに決裂してしまうこともある。僕は発想を変えて、相手にどうやって51％を確保させるかを考えた。無理な交渉をして決裂させるより、49％を獲得した方がよほど国益に貢献すると思うからだ」と述べていた。

ここで人間の心理について掘り下げて考えてみる必要がある。人間は自己中心的な存在だ。こちらの主観的には51％しか要求していないと思っていても、相手国は70％くらい要求されていると感じる。だから強硬な反撃をする。これに対して、こちらが51％譲るという姿勢で物事を考えることで、交渉者の自己中心的な世界観を脱構築することができる。こういう気持ちは相手側にも伝播するため、冷静になって実務的精神で折り合いをつける交渉が可能になるのだ。東郷氏のような高い交渉能力を持った外交官が外務省に少なくなっていることが、日本の外交力が衰退している原因だ。

もっともよい説得方法の一つは、
相手に気に入られることである。

フランソワ・ド・カリエール

恐怖から交渉をしてはいけない。
しかしまた、交渉するのを恐れてもいけない。

ジョン・F・ケネディ

日本は油を中東に依存している。
もしこの油を米国が肩代わりしてくれるのなら、
あなたの意思に従いましょう。

田中角栄

人を動かすことのできる人は、他人の気持ちになれる人である。
そのかわり、他人の気持ちになれる人というのは自分が悩む。
自分が悩んだことのない人は、まず人を動かすことはできない。

本田宗一郎

大切な交渉は、知恵ある者より誠実な者にあたらせろ。

勝海舟

国家に友人なし。

ことわざ

道義を守る国とわが国は外交を持ち、
道義なき国とは勇気を持って交渉を打ち破るのみである。

福沢諭吉

歴史の知識を基礎としない外交は実のない花である。

清沢洌（文筆家）

〈仕事の心得〉

どこに行こうとしているのか
わかっていなければ、
どの道を通ってもどこにも行けない。

Henry Kissinger (1923〜)
ヘンリー・キッシンジャー／アメリカの国際政治学者

私の理解では、仕事をするにあたって心得ておかなくてはいけないことが二つある。

第一は、仕事の目的をあらかじめ明確にしておくことだ。ギリシア語に「テロス」という言葉がある。「終わり」であるとともに「目的」と「完成」を意味する。英語のテレオロジー（teleology）を日本語に訳すと「目的論」になるが、この言葉は目的を定めることだけでなく、自分の持ち時間を考えて、完成させることができるという意味も含んでいる。人間には、体力的にも能力的にも時間的にも限界がある。その限界をふまえて、仕事の目的を立てることができる人が成功する。

ひたすら一生懸命に努力していれば道が開けるというのは嘘だ。間違えた方向に向けていくら努力をしても、それは結果と結びつかない。大きな目的を見つけることができない場合は、実現可能な小さな目的をそのつど立てて実現していくという方法もある。こういうやり方で小さな成功を積み重ねていくうちに、何が大きな目的であるのかが見えてくる。

第二は、人間が本質において性悪な存在であるというのを忘れないことだ。まず、悪は怠惰という形で出てくる。目的を達成する最大の障害は怠惰だ。「今やらなくてはならないことは何か」を的確に把握して、それを処理する習慣を身につけておきたい。

今日すべきことを明日に積み残すのはよくないが、明日できることを今日のうちにやるのもよくない。明日になると与件が変化して、やり直しになる可能性があるからだ。短い人生において、同じことを繰り返して時間とエネルギーを浪費すべきではない。

人間の性悪な本質は、嫉妬という形でも表れる。他人の成功を素直に喜ぶことができない人が少なからずいる。私自身を含め、誰にも嫉妬心はある。そのことを冷静に認識することが重要だ。特に自分のライバル、自分が嫌いな人間の業績については過小評価しがちだ。嫉妬心のプリズムを通して物事を見るので歪んでしまうのだ。ライバルや嫌いな人の仕事には2割増しくらいで評価するようにすると、ちょうどバランスのとれた認識になる。

もし自分が失敗をしたときは、それを素直に認めることだ。ただし、上司に「失敗しました」とすぐに報告することは避けた方がいい。失敗によって生じるダメージに対して、何らかの対策を立ててから上司に報告すべきだ。ダメージコントロールができないような失敗をしたときは、報告と同時に進退伺いを提出する。それくらいの覚悟を持たないと、危機を切り抜けることはできない。

人間の社会は、競争によって成り立っているということを忘れてはならない。勝者がいるということは、必ず敗者もいるということだ。敗者にならないように、いつも神経を張りつめておくことが社会人として生き残るために必要になる。

もっとも重要なことは、自分ひとりで決めるべきだ。

正力松太郎

自分が上がり調子のとき、人には親切にすることだ。
下りの時に同じ人とすれ違うのだから。

ウィルソン・ミズナー

あまり多く果実をつくるの枝は折る。

徳冨蘆花『自然と人生』

悪い知らせは、早く知らされなければならない。

ビル・ゲイツ

過失の弁解をすると、その過失を目立たせる。

シェイクスピア

偉大な人間には偉大な敵がいる。

ユダヤの格言

人間はおべっかを使う動物である。

ウィリアム・ハズリット

調子がいいときにいい噺《はなし》ができるのはプロもアマも一緒。
調子が悪くてもお客様に次もまた来よう、
と思わせて帰っていただくのがプロ。

立川志の輔

〈リーダー〉

組織はリーダーの力量以上には
伸びない。

Katsuya Nomura (1935～)
野村克也／日本の野球評論家

組織において仕事をするときは、リーダー（指導者）が死活的に重要になる。戦場を考えてみればそのことは明らかだ。戦場に間抜けた兵隊がいたとしても、そいつが弾に当たって死ぬだけだ。しかし、司令官が無能だと部隊が全滅する。会社でも、経営者が無能だと会社が倒産してしまう。倒産した会社は従業員に賃金を支払うことができない。

人柄がよくて従業員にも優しいが、能力が基準に達しておらず会社を潰してしまうような経営者よりは、多少あこぎだとしても、企業がきちんと生き残れるよう導いてくれる経営者の方がはるかにましだ。

リーダーシップと強引さは、まったく異なる概念だ。部下の気持ちをつかみ、引っ張っていくことができなくてはリーダーになれない。重要なのは部下の意見をきちんと聞くことだが、「言いたい放題」にさせてはいけない。上司が尋ねた質問についてだけ、尋ねられた範囲で部下に意見を言わせるようにすることだ。

上司に突っかかってくるような部下とは、理詰めで議論をする必要がある。その場では部下の主張の方が正しいと思っていても、上司は決して「俺が間違えていた」などと言ってはならない。「君の言うことについてはきちんと受け止めた。こちらでもよく考えてみる」と答えて、2、3日経ってから、部下の意見をふまえた内容を自分の意見として指示すればよい。部下の意見はあくまで参考として聴取するだけで、その判断については自分で行うという態度を貫くことが重要なのだ。部下に事実上の判断を委ねているという印象が広まると、部下はそういう上司を軽く見るようになる。部下から軽く見られるよりは、恐れられている方がいい。

どの組織にも要領のいい人がいる。ただし、こういう人は上司に追従する傾向が強い。追従者に囲まれたリーダーで、長くそのポストにとどまることができた人はほとんどいない。「追従者はリーダーの敵」という認識が重要だ。部下が追従的発言をした場合には、露骨に嫌な顔をする。こういうことを2～3回繰り返せば、部下も追従を言わなくなる。こういう部下には、積極的に質問をして、意見を言う機会をつくらせるのがいい。追従が言えるのはコミュニケーション能力が高い証拠だ。こういう部下が率直に批判的意見を口にするようになるとき、リーダーと部下の間に本物の信頼関係が構築される。この信頼関係が、あなたのリーダーとしての地位を盤石にする。

上司と部下の双方を持つ中間管理職の場合、自分の役割は部下の要素が7、上司の要素が3くらいに考えておいた方がいい。組織は基本的に「上」の味方である。部下を最大限に働かせて、その成果を「上」に提供することが中間管理職に求められている機能だ。

やってみせて、言って聞かせて、やらせてみて、
ほめてやらねば人は動かじ。
話し合い、耳を傾け、承認し、任せてやらねば、人は育たず。
やっている、姿を感謝で見守って、信頼せねば、人は実らず。

山本五十六

中間管理職と真のリーダーシップとの微妙な半歩の違いは、
プレッシャーの下で優雅さを保てるかどうかだろう。

ジョン・F・ケネディ

決断力のない君主は、多くの場合、中立の道を選ぶ。

ニッコロ・マキャヴェッリ

リーダーは首尾一貫した態度をとらなければならない。
だが、本心はそうでなくてもよい。

ジェームズ・キャラハン

追いつめられたときの多数決は、大変危険です。
気弱になった集団の多数意見は、往々にして誤る。

村山雅美（登山家）

海のほか何も見えないときに、陸地がないと考えるのは、
けっしてすぐれた探検家ではない。

フランシス・ベーコン

組織に貢献してくれるのは「優秀な者」よりも
「能力は並の上だが、忠実な者」のほうだ。

織田信長

〈才能〉

プロの作家とは、
書くことをやめなかった
アマチュアのこと。

Richard Bach（1936～）
リチャード・バック／アメリカの飛行家、作家

私が職業作家になってから10年以上が経つ。鈴木宗男事件に連座して東京地方検察庁特別捜査部に逮捕されるという事態に遭遇しなければ、私が職業作家になることはなかった。もっとも、外務省を勤め上げることもなかっただろう。北方領土交渉が一段落ついたところで外務省からアカデミズムに転じて、学生時代からやり残していたキリスト教の研究を続けていたと思う。その場合、学術雑誌に神学論文を書くことがあったとしても、小説やノンフィクションを書くことはなかったはずだ。

ときどき「作家の才能があってよかったですね」と言われることがある。半分お世辞なのだろうが、たしかに文章を綴ることが苦痛ではない。また、表現したいこともたくさんある。それだから、1カ月に400字×1200枚くらいの原稿を書いている。客観的に見て、かなり多くの文章量ということになるだろう。しかし、それは才能というより適性と訓練に依存する要素が大きい。適性というのは、そもそも私はインドア派で子どものころからプラモデルづくりやアマチュア無線に熱中していたので、小学校の校庭や公園で泥まみれになってサッカーや野球をプレイすることはなかった。

中学校1年生、13歳のときに、当時通っていた学習塾で優れた国語の教師と出会い、その先生が小説や哲学書の読み方の手ほどきをしてくれた。このときに読書の楽しさを覚え、プラモデルづくりやアマチュア無線に対する興味を失った。そして「本の虫」になり、それがもう43年も続いている。塾では国語の作文の訓練も受けた。先生は「佐藤君にはテキストを深く読み解き、また自分の考えを正確に文章にして表現する才能がある」と言われたが、そうは思わなかった。私は好奇心が強いが、移り気ではなく、一つの事柄に集中することができる。才能というよりも、かけられる負荷が極端に大きくなければ、継続的に努力を積み重ねられる人間だということだ。これは小学生時代に親（特に母親）から、集中して机に向かう習慣をつけられたからだ。

才能がない人でも才能のある人と同じ水準に達するための技法を、これまで私は何度も目撃した。こういう人たちは、類いまれな努力家なのである。偉大な作品を書いている作家も、目に見えないところで努力をしている。

「どうすれば作家になれるのですか」という質問を受けることもよくあるが、私は「99％の努力と1％の才能だと思います」と答えている。ここで重要なのは1％の方だ。いくら努力を積み重ねても、その人に1％の才能が備わっていなければ無駄になるということだ。その意味で、自分に才能がない事柄にエネルギーを投入しないようにしなければならない。

人はよほど注意をせぬと、地位が上がるにつれて才能が減ずる。
私の知ってる人で大臣などになったのも少なくないが、
どうも皆そうです。

石黒忠悳（明治時代の軍医）

最高の才能は事物の価値をよく知るところにある。

ラ・ロシュフーコー

人は必要に迫られると、すぐに実力を発揮する。

ピタゴラス

自分が立っているところを深く掘れ。
そこからきっと泉が噴き出る。

高山樗牛（文芸評論家）

一日に少なくとも一つは
自分の力にあまる事を成し遂げようとしない限り、
どんな人間でも大した成功は期待できない。

エルバート・ハバード

人というものはな、
おのれの長所を隠すくふうをしなければいかぬよ。
それでないと、おまえは自分の長所のために
身を滅ぼすことになろう。

池波正太郎『戦国と幕末』

文体は精神のもつ顔つきである。
それは肉体に備わる顔つき以上に、
間違いようのない確かなものである。

アルトゥル・ショーペンハウアー

大部分の人たちの才能はおしまいには一つの欠点となるものだ。
老人になるにつれて、この欠点はますます顕著になってくる。

サント＝ブーヴ

〈富者と貧者〉

富を軽蔑する人間をあまり信ずるな。
富を得ることに絶望した人間が
富を軽蔑するのだ。
こういう人間がたまたま富を得ると、
一番始末が悪い人間になる。

Francis Bacon (1561 ～ 1626)
フランシス・ベーコン／イギリスの哲学者、神学者

資本主義社会において、お金をバカにしてはいけない。中世ならば、人々は自給自足をして食べていくことができたが、資本主義社会でそれはほぼ不可能である。生活に必要なすべての物やサービスが商品になっており、金がなくては商品を購入することができない。資本主義社会でお金がないということは、生きていけないということとほぼ同義だ。ただし、資本主義社会では、働けば必ず最低限の生活をできるだけの金を稼ぐことができる。そうしないと資本主義社会は存続できないからだ。

資本主義社会は、大きく言って二つの階級に分かれる。第一は、圧倒的大多数が所属する労働者階級だ。労働者の賃金は、月給ならば1カ月の食料費、住居費、被服費、それにリフレッシュして働くことができるために必要な物やサービスにかかる費用から、極端に多くなることはない。労働者がどれだけがんばっても大金持ちになることはできない。

大金持ちになるには、会社を経営して他人の労働を搾取することが不可欠になる。資本主義社会における搾取は当たり前のことだ。ある企業が労働者を1カ月25万円の賃金で雇っているとする。企業はこの労働者を雇うことによって25万円以上の利益を上げている。そうでなければ、企業が営利を追求する資本主義社会で労働者を雇う意味がないからだ。仮に、この企業が労働者を一人雇うことで10万円を儲けているとすれば、それが利潤である。労働者からすれば10万円を搾取されていることになる。しかし、この搾取は不当ではない。労働者は月25万円で働くことに合意しているからだ。搾取されるのが嫌なら、その会社で働かなければいい。だが、現実的に考えて、同一の内容の職種なら賃金はだいたい同じだ。その点で資本主義はフェアな制度だといえる。

資本主義社会で大金持ちになりたければ、大会社での競争に勝ち抜いて役員になり、年5000万円を超える役員報酬を得るか、起業して儲けるしかない。大企業で役員になれる人はごくひと握りにすぎない。また、起業する人は多いが失敗する人も多い。失敗すると多額の借金を背負うこともある。もし起業に成功しても、個人事業主や零細企業の経営者では、年収1000万円を確保することは難しい。さらに常に他人を使わなければならない。言い換えれば搾取し続けなくてはならないので、かなりタフな精神が必要になる。そこまでして富者になろうとは思わない人も少なからずいるだろう。

富者にならなくてもいいから、貧者になることだけは避けるというのが現実的な処方箋ではないだろうか。その場合に重要なのは、簡単には取り替えられない熟練労働者になることだ。技術と経験を身につけた熟練労働者ならば、名誉と尊厳を維持しながら、日本社会でそこそこの生活を楽しむことができる。

裕福な状態から、
生活が苦しい状態へ墜ちていく人があるとすれば、
その人はその途中で大てい、
世の人の真の姿を見ることができると思う。

魯迅

ふくらんだ財布は心を軽やかにする。

ベン・ジョンソン

苦もなく金を儲ける人間はたくさんいるが、
苦もなく金を手放す人間はめったにいない。

マクシム・ゴーリキー

富者は貧者を治め、借者は貸人の僕となる。

[旧約聖書]

自己の資産以上に消費するものは、金持ちではなく、
また、自己の収入が支出以上のものは貧乏人ではない。

ハリバートン

金を所有している人間は、
貧しい人がそのはかない運命を訴える声を聞くのが大嫌いだ。

ドストエフスキー

節約なくしては誰も金持ちになれないし、
節約する者で貧しい者はない。

サミュエル・ジョンソン

ほんとうに大切な自由はただ一つ、「経済的な自由」がそうだ。

モーム

〈作家と文学〉

創作は常に冒険である。
所詮は人力を尽した後、
天命に委かせるより仕方はない。

Ryunosuke Akutagawa (1892 〜 1927)
芥川龍之介／日本の作家

私が尊敬する歴史学者の山内昌之先生（東京大学名誉教授）が、学者と作家の差異をイギリスの歴史学者ジョン・H・アーノルドの著作『歴史』（岩波書店）を評しつつこう述べている。少し長くなるが、とても示唆に富む内容なので正確に引用する。

それでは、歴史家と作家との違いはどこにあるのだろうか。作家は、事件や人物を「創造する」こともできるが、歴史家は史料によって「束縛」されている。しかし、歴史家も史料の扱いだけでなく、その提示と説明にあたって「想像力」を用いなくてはならない。この点で、歴史とは「物語」だともいえよう。それは、歴史が一つの「解釈」であり、「事実」を広いコンテクストあるいは語りの中に位置づけるからだというのだ。他方、現代の歴史家と一般読者層との間のへだたりについても率直に〈自己反省〉している点は共感できる。学術雑誌や研究書は、通常五〇〇人以下の読者を相手にするにすぎない。「あらゆる読者にとって重要で、関心を引きつけるはずのことの多く」は、専門家のギルド特有の「人を寄せつけない覆い」で隠されてしまう。また、「専門家」であることを口実に、現在と過去から、オリュンポスの神々のごとく超然とし客観的な評価を下せると妙な自信をもつ人が現在でもいる。「専門家」であることは「公平」であることを意味せず、「仕事に対して報酬を受けている」という事実だけを意味するとアーノルドはやや手厳しい。遺憾ながら、「歴史」は専門分化の結果もあって、もはやただひとつの「真実の物語にはなりえない」という指摘も怜悧ながら真実をついている。
（山内昌之『鬼平とキケロと司馬遷と』岩波書店、2005年、89頁）

作家にも小説家とノンフィクション作家がいる。同じ作家でも、両者では従わなければならない掟が異なる。小説家は、史料はもとより事実にも縛られず、自分の物語を自由自在に構成することができる。これに対して、ノンフィクション作家は事実に基づかないことを書いてはならない。ただし、事実の点と点をつないで、自分が納得することができる物語を書くことは認められている。この点で、ノンフィクション作家の仕事は歴史学者に近い。ただし、学者が大学や研究所という勤務先から得る賃金で生活しているのに対して、職業作家は売文によって糊口をしのいでいかなければならない。

ここ10年で出版不況が進行し、作家稼業だけで暮らしている人が少なくなった。私の周辺のノンフィクション作家も、大学教授として固定収入を得ながら仕事をする人が増えてきた。そのような状況で、私はあくまでも売文業を中心にすえて、よく読まれ、かつ歴史の検証に耐えうるような作品を一つでも多く書きたいと思っている。

完全に自己を告白することは
何びとにも出来ることではない。
同時にまた自己を告白せずには
如何なる表現も出来るものではない。

芥川龍之介

小説が書かれ読まれるのは、
人生がただ一度であることへの抗議からだと思います。

北村薫

創り出す側にとっては、虚像と実像の区別など存在しない。

塩野七生

執筆は夜中に運転するようなものだ。
ヘッドライトの届くところしか見えないが、
それでも目的地にたどり着くことができる。

E・*L*・ドクトロウ

量は質を生む。書く量が少ない者は消える運命にある。

レイ・ブラッドベリ

感嘆符は取り去りなさい。
あれはまるで自分のジョークに笑い転げているかのようです。

スコット・フィッツジェラルド

文章は簡単ならざるべからず。
最も簡単なる文章が最も面白きものなり。

正岡子規

文章を書くことは、小切手を書くのに似ている。
思想がないのに文章を書こうとするのは、
銀行に残高がないのに小切手を書こうとするようなものだ。

ユダヤの格言

第Ⅲ部
この社会に生きる

〈教育〉

ある真実を教えることよりも、
いつも真実を見い出すには
どうしなければならないかを
教えることが問題なのだ。

Jean-Jacques Rousseau (1712〜1778)
ルソー『エミール』／フランスの哲学者

明治維新以後、日本経済は景気や戦争の影響でときどき右肩下がりになることがあったが、教育に関しては右肩上がりが続いてきた。現在、若者の約半数が大学、短大、専門学校などの高等教育を受けている。私は1960年1月生まれで現在56歳。この世代で高等教育を受けたのは約3割だった。私の両親は高等教育を受けていないが、中等教育（父は工業学校、母は高等女学校）を受けていた。私と同世代の人々の両親で高等教育を受けた人もいたが、少数派だった。私の祖父母は明治生まれで、義務教育しか受けていない。全体として見れば、時代とともに日本人の教育水準は向上してきた。

この傾向が現在、大きく変化しようとしている。早稲田大学、慶應義塾大学、同志社大学などの私大文科系学部の初年度納付金は約150万円。その後、授業料で毎年約120万円もかかる。私が1979年に同志社大学神学部に入学したときは、授業料が年34万円、入学金が12万円だった。当時と比べた大学の授業料は4倍以上だが、この間に平均賃金は2倍にもなっていない。そのため、保護者からの仕送りも減少傾向だ。

首都圏の私立大学に昨春入学したうち、親元を離れて通う学生（下宿生）の1日当たりの生活費は897円で、比較できる1986年度以降初めて900円をきった。東京私大教連が3日、そんな調査結果を発表した。保護者からの仕送り額も過去最低で、首都圏の私大に通う地方出身の学生らの窮状が浮かんだ。（中略）約４割の下宿生に対する14年度の仕送り額は、新年度の出費が落ち着く６月以降の月平均で８万８５００円で、前年度から５００円減。ここから家賃を除き、30日で割った「１日当たりの生活費」は８９７円。入学と同時に消費税率が引き上げられたにもかかわらず、前年度を40円下回って過去最低だった。
（２０１５年４月４日「朝日新聞デジタル」）

大学の授業料が急速に値上がりしているのは、教育の新自由主義化が進んでいるからだ。日本政府は大学教育をアメリカ型に変容させようとしている。ハーバード大学、スタンフォード大学など、アメリカの一流大学の授業料は年間７００万～８００万円。これらの学生のほとんどが大学院に進学するので、６年間の授業料だけで４２００万～４８００万円にもなる。そして、受けた教育と社会に出てからの収入には正の相関関係がある。

日本でもこのまま教育の新自由主義化が進むと、数年後に私立大学の授業料が年間３００万円、国立大学が２００万円程度になる可能性が十分にある。このような状況では、経済的理由から限られた人しか高等教育を受けることができなくなり、教育の右肩下がりが起きる。親の経済力によって、子どもが受けられる教育水準に大きな差が生じるような社会は衰退していく。教育の右肩下がりに歯止めをかける国家戦略の構築が必要だ。

子供を不幸にする一番確実な方法は、
いつでも何でも手に入れられるようにしてやることだ。

ルソー『エミール』

下手な外科医は、一度に一人しか傷つけないが、
ダメな教師は１００人を傷つける。

アーネスト・ボイヤー

経済学者の報告によれば、大学教育を受けることで
生涯年収は跳ね上がる。ただその分は、
自分の息子を大学に入れることで消えてなくなる。

ビル・ヴォーン

まずは母語を学び、母国の文化を知る。
母国を語ることができなければ、
これからの国際競争には勝てないと、私は思います。

アンドリュー・J・サター

人間はすくなくとも、三代か四代、そのくらいの
長い時間をかけて造りあげるものだ、という気がしてならない。
生まれてしまってから、矯正できるようなことは、
たいしたことではないので、根本はもう矯正できない。
だから何代もの血の貯金、運の貯金が大切なことのように思う。

色川武大

学者になれと人に強制することはできない。
誰もが向いているわけではないのだ。
人を教育するには、もっと他の方法がある。

ウォルト・ディズニー

講義が面白い訳がない。
君は田舎者だから、今に偉いことになると思って、
今日まで辛抱して聞いていたんだろう。
愚の至りだ。彼らの講義は開闢以来こんなものだ。
今更失望したって仕方がないや。

夏目漱石『三四郎』

〈国家と社会〉

国家とは、ある一定の領域の内部で
――この「領域」という点が特徴なのだが――
正当な物理的暴力行使の独占を
（実効的に）要求する人間共同体である。

Max Weber *(1864 ~ 1920)*
マックス・ヴェーバー『職業としての政治』／ドイツの社会学者、経済学者

国家の本質は、暴力によって裏づけられた権力を持っていることだ。国家の構成員、あるいは当該国家に居住している外国人に、国家は自らの意思を押しつけることができる。

さて、人間は社会的動物だ。社会的動物とは、群れをつくる習性がある動物ということである。人間以外にも、蜜蜂、蟻、鰊、チンパンジーなどさまざまな種類の動物が社会性を持っている。しかし、こうした群れをつくる動物に社会はあるが、国家はない。

人間も、常に国家を持っていたわけではない。人間の社会は、狩猟・採取社会、農業社会、工業社会と3段階に発展している。狩猟・採取社会においては、人間社会はあったが国家はなかった。呪術や神話によって結束する共同体は、組織的な暴力装置を必要としなかったからだ。

農業社会は、古代バビロニア、古代エジプト、古代中華帝国のように、国家を持つ場合もあった。これに対して中世ヨーロッパ、平安時代から戦国時代までの日本の農村のように厳しい国家統制に従わずに生きていくことができる領域もあった。

工業社会になると国家は必ず存在する。なぜなら、工業労働者は、機械を操作する読み書きと計算能力を必要とする。そのためには大規模な初等教育と中等教育（日本の高校水準まで）の体制を整えなくてはならない。ちなみにＩＴビジネスやサービス産業が発達した現代は、脱工業社会と見なされがちであるが、実際には工業社会を基盤としている。

工業社会に生きる私たちは、国家が存在しない社会というものを想像できなくなっている。しかし、現実にも、国家が機能しなくなり、社会だけが存在するという事態が生じることがある。私自身もそのような社会を経験したことがある。1991年8月にソ連共産党守旧派が起こしたクーデターが失敗し、その年の末にソ連が崩壊するまでの間、ソ連空間には、この領域を実効支配できる権力が存在しなくなった。しかし、人々は知恵を働かせて生き残った。そこで重要な事柄は二つだ。能力のある者、豊かになった者が、見返りを求めずに弱者を助ける贈与だ。ロシア人の経済エリートに贈与に対する抵抗がそれほどないのは、蓄財を悪とするロシア正教の影響があるからと思う。また、贈与をする余裕のない人々でも、互いに助け合った。国家が機能していなくても、贈与と相互扶助という文化が維持されているならば、人間社会を維持することは可能であるということを、ソ連邦崩壊前後のモスクワで暮らした経験から、私は確信している。

日本でも、2011年3月11日の東日本大震災後、しばらくの間、被災地域においては国家機能が麻痺していた。それでも人々は助け合うことで社会を維持した。人々が連帯感を強め、社会が強化されると、その結果として国家も強化されるのである。

アメリカがなしうる最善の行為は自国を理解すること。
最悪の行為は他国を勝手に理解すること。

カルロス・フエンテス

自らの安全を自らの力によって守る意思を持たない場合、
いかなる国家といえども、
独立と平和を期待することはできない。

マキャヴェッリ

民の不満に耳を塞ぐような国に、
豊かな国と呼ばれる資格などない。

ウィリアム・モリス

世論とは万人の意見であって、しかもだれの意見でもない。
世論はどの人間のもとにも、
しかとは見出されないにもかかわらず、
しかも圧倒的多数者の別名にほかならない。

勝田吉太郎（政治学者）

僕たちの時代を悪く言うのはやめよう。
これまでの時代にくらべて一層悪いということはない。

サミュエル・ベケット

「新しい貧困」とは、
いかなるネットワークにも属さないことである。
かつて貧しいとは所有しないことであったが、
将来は「何かに属さない」ということになろう。

ジャック・アタリ

人の世を作ったものは神でもなければ鬼でもない。
やはり向う三軒両隣りにちらちらするただの人である。
ただの人が作った人の世が住みにくいからとて、
越す国はあるまい。

夏目漱石『草枕』

愛国心とは、自分が生まれたという理由で、
その国が他よりも優れているという思い込みのことである。

バーナード・ショー

宗教の本質は、
絶対依存の感情である。

Friedrich Schleiermacher (1768 〜 1834)
フリードリヒ・シュライエルマッハー／ドイツの神学者

人間は宗教的な動物だ。もっとも現代人は、「宗教なんか信じていない」という態度をとる人がほとんどだろう。そういう人でも何となく信じている宗教がある。たとえばカネだ。資本主義社会では、カネがあれば自分が欲しい商品やサービスを購入することができる。だから、「とりあえずカネを蓄えておこう」という拝金教に陥りやすい。しかし、カネは人間が商品やサービスを交換する過程から生まれたものであり、人間によってつくり出されたものである。キリスト教では、人間がつくり出したものを拝むことを偶像崇拝だとして厳しく禁止している。拝金教も物神崇拝の一種だ。

それ以外にも、現代人が無意識のうちに信じている宗教が学校の偏差値競争だ。学校の成績がよくても、それがただちに幸せにつながるわけではない。親が自分の半生を省みてみれば、そんなことはすぐわかるはずだ。しかし、子どもが受験競争で少しでも偏差値の高い学校に入れば、よい就職ができて高収入が保証されると多くの親は何となく信じている。実はこれも拝金教と関係している。成績と収入には正の相関関係があるからだ。

もっとも、こういう拝金教的価値観が崩れることがある。病気で死に直面したときだ。ある種の病気は、いくらカネを積んでも治すことができない。死を正面から受け止めざるを得なくなって、突然宗教に入信する人も少なくない。

宗教にはさまざまな形態がある。ここでは、キリスト教型の超越神を想定する宗教について論じることにする。古代、中世において、神が天上に存在することは自明とされていた。しかし、ガリレオやコペルニクスが地球は球体で太陽の周りを回転していることを明らかにしたあと、近代人が「上にいる神」という宗教観を持つことは不可能になった。地球は球体なのだから、ブラジルから見て「下」をずっと追っていくと、地球の中心を突き抜けて日本に出る。ブラジルから見て「下」は、日本から見れば「上」にあたる。したがって、上とか下とかいう議論が意味を持たなくなる。

それでは神はどこにいるのだろうか。この難問を解決したのがドイツのプロテスタント神学者フリードリヒ・シュライエルマッハー（１７６８〜１８３４年）だ。シュライエルマッハーは、神は心の中にいると考えた。人間は心を持つ。しかし、心がどこにあるかを示すことはできない。だから、宗教は絶対依存の感情によって神を感じることになる。

もっとも、そうなると神と人間の心理の区別がつきにくくなってしまい、心の中にある神が徐々に民族に転換していった。それにより、近代人は自分が所属する民族のために命を捧げることができるようになったのだ。拝金教と並んで、ナショナリズムが近代人の宗教になった。ナショナリズムという宗教が人類に深刻な災厄をもたらしている。

宗教を愛し、それを守っていくには、
それを守らぬものを憎んだり、迫害したりする必要はない。

モンテスキュー

人間は、一匹の虫も作れないが、１ダース以上の神々を作った。

ミシェル・ド・モンテーニュ

宗教はホタルのようなもので、光るためには暗闇を必要とする。

アルトゥル・ショーペンハウアー

迷信は、弱者のための宗教である。

エドマンド・バーク

神が存在するということは不可解であり、
神が存在しないということも不可解である。

パスカル

人間が宗教をつくるのであって、
宗教が人間をつくるのではない。

カール・マルクス

国民から認められると宗教という名を与えられ、
国民が否認すれば迷信という名を付けられる。

ホッブズ

宗教とは、
われわれの義務のすべてを神の命令とみなすことである。

カント

好戦的な国民など存在しない。
好戦的なリーダー達がいるだけだ。

Ralph Bunche (1904 〜 1971)
ラルフ・バンチ／アメリカの政治学者、外交官

現在の世界から戦争はなくなっていない。国際法でも戦争違法化の傾向が強まっているが、実効性のある形で戦争を禁止するメカニズムは構築されないままだ。また、予見される未来に戦争がなくなることもないだろう。安倍政権も戦争を視野に入れ、態勢を整えようとしている。２０１５年９月19日未明、安全保障関連法は参院本会議で成立した。

安倍晋三首相は15日午前の質疑で「残念ながら、まだ国民の理解が進んでいる状況ではない」と認めた。質疑で、首相は「必要な自衛の措置とは何かを考え抜く責任は私たちにある。批判に耳を傾けつつ、政策を前に進めていく必要がある」と述べ、採決の正当性を訴えた。また、十分な審議が行われたとの認識も示した。

（２０１５年７月15日「朝日新聞デジタル」）

安保法案に対する国民の理解は永遠に得られないだろう。なぜなら、この法案の内容は錯綜しており、整合的な理解をすることができない欠陥品だからだ。

その根本的な理由は、この法案が矛盾する二つの原理によって構成されていることにある。第一は、憲法解釈を変更し、集団的自衛権の行使を部分的に認めた２０１４年７月１日の閣議決定だ。もともと個別的自衛権と集団的自衛権には重複する部分がある。この重複について、従来は個別的自衛権と呼んでいたものを、国際法の基準に照らして集団的自衛権と呼んでかまわないとする内容だ。この閣議決定に基づけば、自衛隊の行動は従来と何も変わらない。公明党の主張に安倍首相が譲歩してこのような閣議決定になった。

もっとも、安倍政権はこの閣議決定を事実上無視して、別の原理で安保法案を構成しようとしている。その原理とは、２０１５年4月27日、日米の外務、防衛担当閣僚がニューヨークで会談し、合意した新しい日米防衛協力指針（新ガイドライン）だ。合意文書は「アジア太平洋地域及びこれを越えた地域が安定し、平和で繁栄したものとなるよう」にすることが、新ガイドラインの目的としている。新ガイドラインに基づけば、自衛隊は地球の裏側にでも出動できることになる。

自衛隊の活動を事実上、自国防衛に限定する内容の２０１４年7月1日の閣議決定と、地球の裏側まで自衛隊を派遣できるという解釈が可能な２０１５年4月27日の新ガイドラインの双方を満たすという、「不可能の可能性」に挑んでいるのがこの安保法案だ。とりあえず、外務官僚の知恵でガラス細工のような法案が11本できた。しかし、いざ自衛隊を派遣させるような事態が生じた場合、複数の解釈が可能になるので、実際は役に立たない欠陥品だと私は見ている。だから、私はこの法案にほとんど関心がない。有事のときには、今回の安保法案とは別の位相でゼロから議論がやり直されることになるからだ。

愛国心という卵から、戦争が孵化する。

モーパッサン

ユダヤ人差別を論じたものがほとんどすべてだめなのは、
その筆者が自分だけはそんなものとは無縁だと
心のなかできめてかかるからである。

オーウェル『オーウェル評論集』

戦争とは、別の手段を用いた政治の継続である。

カール・フォン・クラウゼヴィッツ『戦争論』

宣戦を布告するのは老人だが、
戦死しなければならぬのは青年だ。

ハーバート・フーバー

戦争の目的は、祖国のために死ぬことではなく、
相手側を祖国のために死なせることである。

ジョージ・S・パットン

我々日本人は特に、他者に害を及ぼさない状態をもって、
心の平安を得る形と考えているようである。

伊藤整

戦争でも恋愛でも、勝つものがいつも正しい。

スペインのことわざ

〈政治〉

政治の仕事が
スムーズに進んでいたら、
それはただの独裁政治でしかない。

Harry Truman (1884〜1972)
ハリー・トルーマン／アメリカの第33代大統領

２０１５年9月19日未明、参議院本会議で安保法制が強行採決されたとき、国会周辺では安保法制に反対するデモが展開された。あたかも日本に政治の季節がやってきたかのようだが、政治がますます空虚になったというのが私の率直な感想だ。

まず、今回の安保法案が採択されたことで、明日にも戦争が起こるわけではない。戦争法案ならばもっと気合いが入っていて、わかりやすい内容になるはずだ。個別的自衛権と集団的自衛権には重複する部分がある。２０１４年7月1日の閣議決定では、これまで個別的自衛権で説明していた重複部分を、これからは集団的自衛権で説明するケースもあるということにすぎなかった。ところが、２０１５年4月27日に米国ニューヨークで行われた日米安全保障協議委員会で、日米の外相・防衛省が改訂に合意した「日米防衛協力指針（新ガイドライン）」には、こう記されている。

相互の関係を深める世界において、日米両国は、アジア太平洋地域及びこれを越えた地域の平和、安全、安定及び経済的な繁栄の基盤を提供するため、パートナーと協力しつつ、主導的役割を果たす。半世紀をはるかに上回る間、日米両国は、世界の様々な地域における課題に対して実効的な解決策を実行するため協力してきた。

日米両政府の各々がアジア太平洋地域及びこれを越えた地域の平和及び安全のための国際的

な活動に参加することを決定する場合、自衛隊及び米軍を含む日米両政府は、適切なときは、次に示す活動等において、相互に及びパートナーと緊密に協力する。この協力はまた、日米両国の平和及び安全に寄与する。

「アジア太平洋地域及びこれを越えた地域」とは、全世界のことだ。外務官僚と首相官邸は、この合意を根拠に、集団的自衛権を2014年7月1日の閣議決定よりも拡大して適用することを画策した。その結果、わけのわからない法案ができた。

今回の法案の本質は、日米同盟が戦後の國體《こくたい》と確信している外務官僚が、頭の回転があまり速くない自民党の政治家たちをうまく操って想いを遂げたということにある。もっとも、法案自体には創価学会を支持母体とする公明党がさまざまな地雷を埋め込んでいるので、実際に有事になったときは、もう一度ゼロから議論のやり直しになることは確実だ。

一連の騒動で、外交安全保障政策において、公明党の影響力がかつてなく大きくなったことが外交のプロの目に明らかになった。国会デモに参集した学生たちは、大学の授業やアルバイトなど日常の学生生活では知り合うことができない有識者や芸能人、政治家と面識を得ることができた。国会デモは当事者にとっては大きな意味があったのであろうが、私はこれで政治が変わることはないというさめた見方をしている。

人間が頭を使わないということは、
支配者にとってなんと幸運なことか。

アドルフ・ヒトラー

政治とは、支配者と民衆の間に結ばれる単純な契約である。

ルソー

昔、羽振りのよかった者は復古を主張し、
いま羽振りのよい者は現状維持を主張し、
まだ羽振りのよくない者は革新を主張する。

魯迅

ナショナリストは、
味方の残虐行為となると非難しないだけではなく、
耳にも入らないという、すばらしい才能を持っている。

ジョージ・オーウェル

老人が支配するのは奴に力があるからではなく、
こちらが大人しく忍従しているからだ。

シェイクスピア

革新を行うのにあまりに困難なときは、
改新が必要でないという証拠である。

ボーブナルグ

人が嘘をつくのは狩りの後、戦争の最中、そして選挙の前。

ビスマルク

〈歴史〉

歴史はたいてい役所仕事によって
創作されるのです。

Franz Kafka (1883〜1924)
フランツ・カフカ／プラハの作家

日本と中国や韓国との間で歴史認識が問題になると、それぞれの国が「真実の歴史を知るべきだ」と主張する。実は、こういう発想自体が歴史に関する無知から生じている。歴史とは、出来事と出来事をつなぎあわせて紡ぐ物語だ。それは、民族や国家によってそれぞれ異なる。たとえば、1600年の関ヶ原の戦いは、日本にとっては天下分け目の戦いで、まさに歴史的出来事だ。しかし、ドイツ人やチェコ人にとって、関ヶ原の戦いには特段の意味はない。ヨーロッパ人の歴史を構成する出来事ではないのだ。これに対して、1620年、プラハ郊外で起きた白山の戦いは、チェコとドイツにとっては歴史の流れを決めた重要な出来事であった。しかし、日本にとって白山の戦いは、西洋史を専門とする学者か大学受験生以外の人にとっては、特に意味を持たない出来事である。

同じ出来事でも、国家によって持つ意味が異なる出来事もある。1945年8月15日、天皇陛下が玉音放送でポツダム宣言を受諾し、日本が降伏したことを国民に伝えた。日本にとっては、敗戦という重大な出来事のあった日だ。日本の植民地だった韓国と北朝鮮でも、この日は重要な意味を持っている。ただし、意味は日本とまったく異なる。日本人にとって8月15日が敗戦という悲しみの日であるのに対して、韓国人、朝鮮人にとってこの日は日本の植民地支配から解放された喜びの日なのである。このように同じ出来事であっても、国家や民族によって、意味が異なる場合も少なからずある。

あるいは、記念日の日付が異なることで、歴史的意味が大きく異なることもある。日本人の常識では、敗戦は玉音放送があった１９４５年8月15日だ。しかし、ロシアはこの日に特別の歴史的意義を認めない。日本政府代表団が、東京湾に停泊していた米戦艦ミズーリ号の艦上で降伏文書に署名した日を第二次世界大戦終結の日とする。たしかに、国際法的にはこの日に日本と連合国との戦闘状態が終結したので、それなりに筋は通っている。しかし、ソ連軍は8月15日以後、日本軍が武装解除の意思を示したにもかかわらず、満州や千島列島、樺太、北方領土で戦闘を続けた。９月２日を対日戦勝記念日とすることによって、１９４５年8月15日から9月２日までのソ連軍の蛮行を正当化しているのだ。

　このようなことを考えた場合、すべての国家が認める単一の歴史というものは成立しえない。歴史は本質において物語性を帯びているのだ。もっとも、だからといって架空の歴史をつくり出すことが認められているわけではない。史実として実証できないことを歴史的出来事として強弁してはならない。このような手法で歴史を捏造する国家は、国際社会で信頼されなくなる。自国中心史観の罠に陥らないためには、各国の義務教育教科書に書かれた歴史を勉強し、日本の教科書に書かれている内容との違いを知ることが重要だ。

歴史は、
我々がこれから犯すであろう過ちについて教えてくれる。

ローレンス・J・ピーター

日本がアジア諸国の独立を促したというけれど、
占領地の民衆に対してどんなふるまいをしたのか、
それはひでえことをしたってことを、
ちゃんと裏にくっつけておかないとダメなんです。

吉本隆明

歴史は繰り返すといわれるが、
その実は歴史は繰り返すものではない、
歴史は一歩一歩に新なる創造である。
近世文化は、歴史的必然によって、
中世文化から進展し来ったのである。

西田幾多郎

幸福で安全だった時代は歴史のうえでは白紙になる。

ヘーゲル

ローマの英雄などは、今日の歴史家は、
みんな作り話だと言っている。
おそらくそうだろう。ほんとうだろう。
だが、たとえそれがほんとうだとしても、
そんなつまらぬことを言っていったい何になるのか。

ゲーテ

「革新」は、歴史は自分たちが創ると思っているから、
歴史を軽視する。

ジュゼッペ・プレッツォリーニ

過去を振り返るとき、
人はいつでもすべては決定されていたのだという
——おそらくは誤った——印象を抱くのだ。

ミシェル・ウエルベック

〈聖書の教え〉

何事にもふさわしい時があるものだ。

Old Testament

旧約聖書「コヘレトの言葉」

私は同志社大学神学部を卒業し、同志社大学大学院神学研究科を修了した。大学に入った時点ではキリスト教の洗礼を受けていない。もっとも、母親がプロテスタントのキリスト教徒だったので、子どものころから教会には通っていた。私の場合、キリスト教が「家の宗教」なので、両親は神学部に進むことを歓迎してくれた。

高校時代にマルクス主義に触れた関係で、神学部に入った当初は、キリスト教と対決して自分の思想からキリスト教の残滓を取り除き、無神論的世界観を持った唯物論者になるという野心を抱いていた。しかし、神学を本格的に勉強して3カ月もすると、カール・バルトなどの優れたプロテスタント神学者は、マルクスが否定した人間が自らの願望を投影したような神を、マルクスより徹底的に批判し、否定しているとわかった。私は負けを認め、1979年のクリスマス礼拝のとき洗礼を受けた。その後、私のキリスト教信仰は一度も揺らいだことがない。いつも聖書を携帯し、聖書をまったく読まない日はまずない。

通常、こういうコースを経ると教会の牧師かキリスト教主義学校（ミッションスクール）の聖書科の教師になることが多いが、私は外交官になった。キリスト教徒の活動は教会やキリスト教主義学校の内部に限られるのではなく、この世界全体に及んでいるからだ。外交官の職業的良心に忠実に従って行動しつつも、自らの価値観の基本にキリスト教をすえておけば、通常の外交官には見えないものが見え、できない仕事ができると考えた。

私は7年8カ月間、モスクワの日本大使館に勤務した。混乱期だったという要因もあるが、私は主要国の大使でもなかなか会うことができないクレムリン（大統領府）や政府の高官といつでも会えるようになった。ここでも神学の知識がとても役に立っている。

2002年にいわゆる宗男疑惑の渦に巻き込まれ、同年5月14日に東京地検特捜部に逮捕される少し前に、大学と大学院の指導教授だった緒方純雄先生から手紙が届いた。そこには、旧約聖書の「コヘレトの言葉」から、以下の箇所が引用されていた。

何事にも時があり／天の下の出来事にはすべて定められた時がある。／生まれる時、死ぬ時／植える時、植えたものを抜く時／（中略）泣く時、笑う時／嘆く時、踊る時／石を放つ時、石を集める時／抱擁の時、抱擁を遠ざける時／求める時、失う時／保つ時、放つ時／裂く時、縫う時／黙する時、語る時（後略）。

緒方先生は、「今はあなたの言うことに誰も耳を傾けないとしても、必ず流れが変わる時が来る。黙する時、語る時のタイミングを間違えるな」というメッセージを聖書の引用を通じて私に伝えてくれた。

私が職業作家になれたのも、「黙する時、語る時」を間違えなかったからだと思う。

アダムはリンゴが欲しかったから食べたのではない。
禁じられていたから食べたのだ。

マーク・トウェイン

狭い門から入りなさい。滅びに通じる門は広く、
その道も広々として、そこから入る者が多い。
しかし、命に通じる門はなんと狭く、
その道も細いことか。

［旧約聖書］

復讐してはならない。人々に恨みを抱いてはならない。

［旧約聖書］

主は与え、主は奪う。

［旧約聖書］

誓いを立ててはならない。そこは神の玉座である。

［新約聖書］

蛇のように賢く、鳩のように素直になりなさい。

［新約聖書］

人を裁くな。そうすれば、あなた方も裁かれることがない。

［新約聖書］

汝の敵を愛せよ。

［新約聖書］

第Ⅳ部
心をどう保つか

〈思想〉

選んではならぬ。
一つの立場を選んではならぬ。
一つの思想を選んではならぬ。
選べば、君はその視座からしか、
人生を眺められなくなる。

André Gide (1869～1951)
アンドレ・ジッド／フランスの小説家

今の時代、「思想」という言葉は古くさく聞こえる。「思想を持っている」というと、偏った人のように見られがちだ。しかし、自覚しないが、人間は誰でも強力な思想を持っている。たとえば拝金主義だ。金《カネ》は、商品を交換するという人間と人間の関係から生まれたものだ。金自体に価値があるわけではない。前述したが、1万円札を刷るのにかかる原価は22円にすぎない。それにもかかわらず1万円分の商品やサービスを購入することができるのは、世の中の人々が1万円札にそれだけの価値があるという思想を、無意識のうちに受け入れているからだ。とても強力で、誰もが疑わないような思想は、空気のような常識と受け止められる。この常識を疑わなくてはならない。

同じ金でも、経営者や労働者が苦労して稼いだ金と、バクチで儲けた金では価値が異なる。ここでもう一度、労働価値説に帰ることが重要だと思う。株や為替で儲けても、そこで何らかの価値が生まれているわけではない。株価の上昇や下落に一喜一憂するよりも、毎日こつこつ働いて、商品やサービスをつくり出していくことに喜びを感じるようになった方がいい。億万長者になることはできないだろうが、人間として名誉と尊厳を維持できる生活を現下の日本で確保することは可能だ。依然として、日本が世界の先頭を走る経済大国であることを忘れてはいけない。

出世病というのも、誰もが取りつかれている思想だ。親が必死になって、幼稚園児、小学生に受験勉強を強いる。偏差値の高い学校に進めば官僚になったり大企業に就職したりすることができ、高い給与で安定した一生が保証されるというのは神話だ。企業に入ってからも、出世だけを人生の価値観にしている人は、出世が難しくなった途端にやる気をなくしてしまう。やる気がないと、能力も衰える。

どの組織もピラミッド型の構成になっており、競争に最後まで勝ち抜くことができる人はほんのひと握りだけだ。一部上場企業でも、執行役員以上のポストにつかなかった58歳以上の人は、早期退職か子会社への出向になる。しかし、競争に勝ち抜くことだけが人間の幸せとは言えない。全員が社長、専務、常務になったら誰が現場で仕事をするのか。会社の利益を生み出すのは、現場で仕事をする人々なのである。

人間の社会にはさまざまな矛盾がある。人間の能力や適性には差があり、要領のいい人もいればそうでない人もいる。世の中の問題を一挙に解決することなどできるはずがない。かつての共産主義者や現在もイスラム原理主義過激派は、革命によって、理想的な世の中ができると信じているが、それは幻想だ。現実をしっかり見据えて生きていくには、労働が社会の基本になるという思想を身につけることが重要だと思う。

軍隊による侵入に対する抵抗は可能だ。
だが、思想による侵入に対しては抗う術がない。

ヴィクトル・ユーゴー

資本主義の欠点は、幸運を不平等に分配してしまうことだ。
社会主義の長所は、不幸を平等に分配することだ。

ウィンストン・チャーチル

不平等な経済的・政治的発展は資本主義の絶対的法則である。

レーニン

アメリカ人は、さながら野の花のごとく、
民主主義はどこにでも咲くものだと信じて疑わない。(中略)
まさにアメリカはデモクラシー教、資本主義教の総本山です。

小室直樹

偉大な思想家には必ず骨というようなものがある。
大なる彫刻家に鑿(のみ)の骨、
大なる画家には筆の骨があると同様である。
骨のないような思想家の書は読むに足らない。

西田幾多郎

いちばん簡単で、いちばん明白な思想こそが、
いちばん理解しがたい思想である。

ドストエフスキー

人はどこへいっても、
弱い思想に強いことばの外套を着せることが好きだ。

ハイゼ

重要な思想を誰にでもわからせるように表現するほど
むずかしいことはない。

アルトゥル・ショーペンハウアー

〈運〉

最善の努力を尽くしたら、
後は神の意思にゆだねなさい。
そして神の決めたことに
納得しなさい。

Jewish Proverb
ユダヤの格言

「人生を決めるのは、実力ですか、それとも運ですか」と尋ねられることがときどきある。それに対して、私は「両方です。ただし人によってその比重は異なります」と答えることにしている。たとえば、日本の内閣総理大臣（首相）になることを考えてみる。実力だけで総理大臣になることは絶対にできない。小沢一郎氏は、経歴からしても政治手腕からしても、いつか必ず総理大臣になると1990年代から誰もが思っていた。しかし、結局はなることができなかった。

「民主主義は数だ。政治家は派閥をつくり、配下の国会議員を一人でも多くつくることが総理への近道である」。当時はそのように信じられていた。派閥を維持するにはカネがかかる。カネ集めをしすぎたことが小沢氏の命取りになったのだ。

鈴木宗男氏にしても、40代で閣僚（北海道・沖縄開発庁長官）になり、内閣官房副長官、自民党総務局長などの要職を歴任。権力の階段を急上昇していた。ロシアのプーチン大統領とも直接会うことができる信頼関係を構築し、北方領土問題をあと一歩で解決するところまで話を進めた。

しかし、田中真紀子氏が外務大臣に就任したことによって北方領土交渉が大混乱する。その影響で鈴木氏と田中氏が対立し、鈴木氏の主張の方が筋が通っていたにもかかわらず、当時は国民的人気があった田中氏に軍配が上がる。宗男バッシングの嵐が起きた。鈴木氏は東京地検特捜部に逮捕され、この嵐に巻き込まれて私も逮捕された。それまでロシアを担当する外交官として、私は順調に外務省の出世街道を歩いていた。

人生とは不思議なもので、ある段階までの地位や業績は努力によって獲得できるが、その上は運の要素が大きくなってくる。トップになった人は、「自分は努力をしたから成功した」と思う。たしかに努力は成功の必要条件だ。ただし、「成功しなかった者は努力が足りなかったからだ」と勘違いしてはならない。トップになった人の数倍、数十倍努力したにもかかわらず、「中の上」くらいで出世が止まってしまう人もいる。こういう人は、運や巡り合わせがよくなかったのだ。

もっとも、運だけでトップになることはできない。長い人生の中で、誰でも数回は大きな運をつかむ機会が回ってくる。しかし、「運がある」と気づくには実力が必要である。100回努力をしても、運は1回しかつかめないかもしれない。

しかし、まったく努力をしない人は絶対に運をつかむことはできない。「努力を継続していれば、いつか運が味方してくれることもある」。このように信じることでしか、将来の展望は開けないのだ。

運命に逆らえば運命に支配され、
運命に適応すれば運命を支配できる。

ユダヤのことわざ

人間の一生には一度はまたとない好機が来る。

遠藤周作

集団の真ん中にいたら絶対にダメだ。
どうせならビリを走れ。
時代の風が逆から吹いたら、自分がトップに立てる。

大橋巨泉

悪運が強くないと政治家は駄目。運が七割。

岸信介

好運に出会わない人間など一人もいない。
それをとらえなかった、というまでだ。

デール・カーネギー

不幸を最小限に食い止められるなら、それは幸運だ。

マキャヴェッリ

運命は神の考えるもの。人間は人間らしく働ければそれで結構。

夏目漱石『虞美人草』

人間とは、自分の運命を支配する自由な者のことである。

カール・マルクス

〈感情〉

迷う時には真実を話せ。

Mark Twain *(1835 ~ 1910)*
マーク・トウェイン／アメリカの作家

学校の教師が生徒に、職場の上司が部下に、「感情的になるな」と注意することがよくある。しかし、理性でいくら抑えようとしても抑えられないのが感情である。近代人にとって、感情は神のような意味を持つ。前述したが、古代、中世の世界観では、神は上にいた。しかし、コペルニクスやガリレオによって、地球は球体で太陽の周囲を回っていることが明らかになった。近現代人の宇宙観では、「上にいる神」という形而上学を維持することはできない。ブラジルから見て下側は地球を突き抜けて日本だが、そこに出ると今度は上を指す。そもそも、上とか下とかいう概念が近現代人の宇宙像とは合致しないのだ。

この矛盾を解決したのがフリードリヒ・シュライエルマッハー（1768〜1834年）である。「宗教の本質は、絶対依存の感情である」とシュライエルマッハーは考えた。何かを信じるという感情をまったく持たない人はいない。現在でも、偏差値の高い難関校に子どもを入れれば、将来子どもが幸せになると信じている親も少なくない。また会社では、出世しようと競争心をむき出しにする人も少なくない。あるいは、民族や国家のために命を捧げる覚悟を持つ人もいる。こうした受験、出世、民族、国家などは、いずれも合理性で割り切ることができない現代人の宗教なのである。

この宗教は、人間の感情によって支えられている。そして感情は心の作用だ。したがって、近現代人にとっての神は心の中にいると言い換えることができる。神を信じていないと思う人でも、心の存在は否定しない。それでは、心は人間のどこにあるのだろうか。心臓か？　腹か？　頭か？　心のある場所を示すことができる人間は一人もいない。しかし、心は確実に存在する。目には見えなくても、確実に存在するものがこの世の中にはあるわけだ。神が心の中にいると考えるならば、コペルニクス以降の宇宙観と矛盾することなく、神について論じることができる。シュライエルマッハーは、神の場を「上」から「心」に転換したのだ。

だから、われわれは自分の感情が神のように絶対正しいと考える傾向がある。教師や上司の指導にとりあえず従っているフリをしていても、腹の中では自分の方が絶対に正しいと考えているようなときは、感情に支配されていると考えてまず間違いない。自分の感情が絶対に正しいとする基準はどこにも存在しない。他人も自らの感情に基づいて、自分が絶対に正しいと考えている。人間が絶対に正しいと考えることは確実に存在する。ただし、それは複数存在するのだ。自分の感情に固執して周囲から孤立しないようにするためには、近現代人にとって感情が神の位置を占めていることをよく認識しておく必要がある。

およそ人を扱う場合には、
相手を論理の動物だと思ってはならない。
相手は感情の動物であり、しかも偏見に満ち、
自尊心と虚栄心によって行動するということを、
よく心得ておかねばならない。

デール・カーネギー

足を滑らせてもすぐに回復できるが、
口を滑らせた場合は決して乗り越えることはできない。

ベンジャミン・フランクリン

人に対して感じるいらだちや不快感は、
自分自身を理解するのに役立つことがある。

カール・グスタフ・ユング

怒りの静まる時、後悔がやってくる。

ソフォクレス

至上の処世術は、妥協することなく、適応することである。

ジンメル

理性の名のもとに不合理な行動をとれる動物は、
人間だけである。

アシュレー・モンタギュー

ときには、敵の方が正しいこともある。というのは、
人間の心は生まれつきはなはだ利己的であって、
どんな論難攻撃もすべて自分にたいする侮辱だと
感じるからである。

ヒルティ

心とは、理屈で割り切れない理屈をつけるものである。

パスカル

〈自律〉

学問には坦々たる大道はありません。
そしてただ、
学問の急峻な山路をよじ登るのに
疲労困憊をいとわない者だけが、
輝かしい絶頂をきわめる
希望をもつのです。

Karl Marx (1818〜1883)
カール・マルクス／ドイツ出身の思想家、革命家

自律とは、他者からの支配や制限を排して、自分で立てた規律に従い、自らを規制しながら生きていくことをいう。私は最近、自律できていないと痛感することがある。それは健康管理についてだ。オーバーワーク気味で、強膜炎により右目に激痛が走り（千枚通しで目を突かれたような痛みがする）、２０１５年の3月半ばから4月いっぱいは仕事に支障が出た。ようやく右目の充血もなくなり、強膜炎と縁を切ることができたと思ったら、また別の病気が発症した。連休中に引いた風邪がなかなか治らないので病院に行くと溶連菌感染症が発症しているということだった。主に子どもがかかる溶連菌感染症にかかるというのは、体力がかなり衰えている証左だと医師に言われた。とりあえず、ニンニク注射（ニンニクのエキスを注射するわけではなく、ビタミンB_1などを主成分とする注射。ビタミンB_1の中に含まれる硫化アリルがニンニク臭を発することから、ニンニク注射と呼ばれている）で元気を出して、仕事をしている。２０１５年に私は55歳になった。私の父の世代は55歳で定年し、隠居することになっていた。私も気力だけで仕事を消化していくというスタイルを変え、自律性を回復しなくてはならない。

もっとも読書に関しては、自律の技法を身につけている。ここで引用したマルクスの言葉は、フランス語版『資本論』序文の末尾に記されている。労働者が手にとりやすいように『資本論』のフランス語訳を分冊で出したいという編集者の提案に対するマルクスの回答だ。要するに、『資本論』は論理を積み重ねる形の記述になっているので、形だけをいくら工夫してもすぐに理解できるわけじゃないとマルクスが釘を刺しているのだ。たしかに、『資本論』第一巻冒頭の価値形態論は難解だ。ヘーゲル哲学の用語を用いているとともに、マルクスの議論が若干、錯綜しているからだ。もっとも拙著『いま生きる「資本論」』（新潮社）、宇野弘蔵『価値論』（青木書店）などを参考書にして、丁寧に論理を追っていけば、必ず理解できる。

最近受けて困った質問は、「フランスの経済学者トマ・ピケティが書いた『21世紀の資本』（みすず書房）を買ったが、難しくて読み進めることができない」というものだ。『21世紀の資本』で用いている数学は、四則演算と不等号だけ、すなわち小学校レベルなので数学が障害になるはずはない。山形浩生氏のチームが行った翻訳も正確で、こなれている。そうなると問題は、本の内容ではなく、長い文書を読む習慣がついていないからということになる。高校の現代文の教科書を購入して論理的な文章を読む訓練をすれば、長い本でもそれほど苦労することなく読めるようになる。読書における自律性を身につけるためにも、基礎訓練が必要だ。

われわれは自らが繰り返して行うことの産物である。
したがって優秀とは行為ではなく習慣である。

アリストテレス

馬で行くことも、車で行くことも、
二人で行くことも、三人で行くこともできる。
だが、最後の一歩は自分ひとりで歩かなければならない。

ゲーテ

時間が万物の中で最も貴重なものであるとすれば、
時間の消費こそ最大の浪費である。

ベンジャミン・フランクリン

あなたが、他の人々に求める変化を自分で行いなさい。

マハトマ・ガンジー

毎日、自分の嫌いなことを二つずつ行うのは、
魂のためによいことだ。

サマセット・モーム

最初に人が習慣をつくり、それから習慣が人をつくる。

ジョン・ドライデン

人間は自由であり、
つねに自分自身の選択によって行動すべきものである。

サルトル『実存主義とは何か』

我を知らずして外を知るといふことわりあるべからず。
されば己を知るものを知れる人といふべし。

吉田兼好『徒然草』

〈怒り〉

争いの場合、怒りを感ずるや否や
われわれは
もはや真理のためではなく、
それのために争う。

Thomas Carlyle *(1795〜1881)*
トーマス・カーライル／イギリスの思想家、歴史家

フランスで発生した同時多発テロ事件に対して、日本を含む先進諸国の人々は大変に憤慨した。２０１５年11月13日金曜日の夜（日本時間14日未明）、フランスの首都パリで発生した同時多発テロ事件は、わずか1時間の間に7カ所でテロ攻撃がなされた。１３０人が死亡、３５０人以上が負傷した。

フランスのオランド大統領は14日、パリの大統領府で閣僚らを緊急招集して国防会議を主宰後、国民向けにテレビ演説し、同時多発テロについてイスラム過激派組織「イスラム国」が実行したと断定し、報復の意思を示した。オランド氏は「国外で用意周到に準備され、フランス国内の共犯者とともに実行された戦争行為であり、極めて野蛮な行為だ」と非難した。その上で「恥知らずな攻撃を受けたフランスは『イスラム国』の蛮行と無慈悲な戦いを決行する。テロの脅威に同様にさらされている同盟国とともに、国内であれ国外であれ、あらゆる手段を駆使して戦う」と報復に言及した。また「3日間を国民服喪の日とする」と述べ、犠牲者らに哀悼の意を表明した。（11月14日「共同通信」）

「あらゆる手段」でまずとられたのが、アメリカだけでなくロシアとの対テロ軍事協力だ。しかし、軍事攻撃でＩＳの拠点を全面的に破壊しても問題は解決できない。率直に言うと、オランド大統領は怒りで原因と結果を取り違えてしまっている。ＩＳが国際社会の秩序を混乱させている原因であるという見方は間違いだ。１９１６年、イギリス・フランス・ロシアの間でサイクス・ピコ秘密協定が結ばれ、これに基づいて中東の宗教、歴史、地理、部族の分布などと無関係に国境線が引かれた。このような欧米の都合によって建設された国家が機能不全を起こし、ＩＳが生まれた。ＩＳは原因ではなく結果なのだ。

ＩＳを除去しても、中東に安定した新秩序が形成されない限り、別の名称の団体が似たようなテロを起こすことになる。だが、近未来にこの地で安定した新秩序が形成される可能性は低い。したがって、アッラー（神）によって制定されたシャリーア（イスラム法）に基づいて、暴力やテロに訴えてでも全世界を単一のカリフ帝国（イスラム帝国）によって支配しようとする運動は今後も続く。

当面の対策としては空爆でＩＳの拠点を破壊するとともに、ＩＳの要求を一切受け入れず、テロに関与した者には法規を厳格に適用して責任をとらせるという対症療法を続けるしかない。テロによって目的が達成できないと判断すればＩＳは戦術を変え、とりあえずテロの流行は終焉するだろう。しかし、根本原因である中東の混乱は解決されていないので、テロに代わってわれわれが現時点では想定していないような面倒な問題が起きるかもしれない。

腹が立ったら、何か言ったり、したりする前に十まで数えよ。
それでも怒りがおさまらなかったら百まで数えよ。
それでもダメなら千まで数えよ。

ジェファーソン

遅延は憤怒の最良の治療薬。

セネカ

不当な目にあったことは、
あなたがそれを覚えていない限り
なんでもないことだ。

孔子

許すはよし、忘れるはなおよし。

ロバート・ブラウニング

人間は、理性のうちに負けたものの埋め合わせを
怒りの中でするものである。

ホレイショ・アルジャー

怒りを鎮め、トラブルの原因をより深く理解するには、
書くことが一番である。

マーク・I・ローゼン

ことばは怒りに病める心の医者。

アイスキュロス

怒りは無謀をもって始まり、後悔をもって終わる。

ピタゴラス

〈悩み〉

諸君が困難にあい、
どうしてよいか
全くわからないときは、
いつでも机に向かって
何かを書きつけるのがよい。

Lafcadio Hearn (1850～1904)
小泉八雲（ラフカディオ・ハーン）／日本に永住したイギリスの小説家

人生に悩みはつきものだ。ときどき「私にはまったく悩みがない」という人がいるが、よく話を聞いてみると、抱えている悩みが深刻すぎるので無意識のうちに悩みを避けるようになっているという例も多い。私自身はさまざまな悩みを抱えている。そもそも作家という職業は、悩みを文字にして何とか解決しようと格闘する仕事だ。それだから、仕事そのものが悩みであるといってもいい。

私は悩みを二つに分けて考えている。独自の表現になるが「天井のある悩み」と「天井のない悩み」だ。「天井のある悩み」は、とりあえず解決できる可能性がある悩みだ。私の過去の人生でいえば、アマチュア無線の免許をとる、高校や大学の入試に合格する、外交官試験に合格するなどというものだ。この種の悩みは、きちんと準備をしていればだいたい解決できる。外務省に入ってからの仕事上の悩みや、作家になってからの作品を書き進めていくうえでの悩みも、それなりの手続きに即して進めればたいてい解決する。

もちろん解決しなかった悩みもある。たとえば、外交官時代に北方領土返還を実現しようと文字通り命懸けで取り組んだが、果たせなかった。「もう一息」というところまで行きかけたが、力が及ばなかった。もっとも、ロシア人を相手に全力で交渉して敗れたのなら、「われわれの力が弱かった」と総括することができる。だが、私たちの仕事が頓挫したのは、むしろ身内に後ろから斬りつけられたからだ。鈴木宗男事件が起きなかったら、今ごろ北方領土問題は解決していたと私は確信している。外務省内の権力闘争に敗れてしまったことは残念だが、私自身は完全燃焼したのでこれでいいと思っている。

これに対する「天井のない悩み」とは、解決することがおそらく不可能であるような悩みだ。「人間はなぜ死ぬのか」「生きていることの意味は何なのか」「愛する人と死後の世界で再会することができるのか」などという問題が、そのたぐいだ。こんなことを考えるのは一見ばかばかしいように思えるかもしれないが、私はそのようには考えていない。人間の能力に限界があることを皮膚感覚で知るためには、解決することのない「天井のない悩み」を抱えていることが重要だと思うからだ。理性や合理性を重視しすぎた近代人は、その結果として、将来人間は悩みをすべて解決できるという誤った楽観主義を抱くようになってしまった。こういう楽観主義が二度の世界大戦という大量殺戮と大量破壊をもたらしたのだ。2015年11月13日にパリで起きた連続テロ事件についても、「なぜ、『人を殺してでも自分が正しいと信じることを強行しなければならない』という信念に取りつかれた人がいるのか」という、「天井のない悩み」と取り組んで、とりあえずの答えを出すことが求められている。

どうにもならないことは、忘れることが幸福だ。

ドイツのことわざ

諸君が自分自身に対して関心を持つのと同じように、
他人が自分に関心を持っているとは期待するな。

ラッセル

忙しい状態でいること。
悩みをかかえた人間は、絶望感に打ち負けないために、
身を粉にして活動しなければならない。

デール・カーネギー

過去と未来を鉄の扉で閉ざせ。今日一日の枠の中で生きよう。

デール・カーネギー

受け入れないことには、何も変えることはできない。

ユング

何か解決すべき難問を抱えていたら、まず歩く。

デイヴィッド・クンツ

一年もたてば、現在の悩みなどくだらないものになる。

サミュエル・ジョンソン

ついに起こらなかった害悪のために、
われわれはいかに多くの時間を費やしたことか！

トーマス・ジェファーソン

〈考え方〉

自分の力では
どうにもならないことは
心配するな。

Jewish Proverb
ユダヤの格言

人間の特徴の一つは、考える力を持っていることだ。考え方と努力を組み合わせれば、人生にはさまざまな可能性が生まれる。有村架純主演で映画化され話題になった「ビリギャル」もその例だ。原作（『学年ビリのギャルが1年で偏差値を40上げて慶應大学に現役合格した話』坪田信貴、KADOKAWA・２０１３年）を読むと、現下の日本社会で主流になりつつある新自由主義という考え方がどういうものかがわかる。

偏差値30台の高校２年生のさやかを学習塾教師が夏休みから指導し、約1年半で慶應大学に合格させたことが奇跡のように受け止められているが、生徒の資質を見極め塾教師が適切な指導を行えば、決して不可能なことではない。もっとも、このような勉強法が可能になるには重要な条件がある。それは、生徒の家庭に経済力があることだ。学習塾は慈善事業ではない。教育産業として、受験のノウハウを教える対価としてカネを取る。さやかを指導した塾教師の著者は、〈彼女が高校３年生に上がろうとする頃のことでした。（中略）そこで、僕は、無制限コースという、日曜を除けば塾へ毎日来られる学習コースを、さやかちゃんに勧めます。ただ、それには当時の塾に百数十万円というまとまったお金を前払いしてもらう必要がありました。〉と記す。さやかは私立高校の授業料等で少なく見積もっても年に50万円はかかる。それに加えて塾の授業料が百数十万円と、合計で２００万円以上の教育費が必要になる。さやかの母親は郵便局の定期預金、自分の生命保険を解約するなど、それなりに苦労して教育費を捻出しているが、これだけのカネを準備できる家庭はそれほど多くないだろう。「ビリギャル」は、新自由主義時代の受験産業の実態を描いたノンフィクションである。経済力のある家庭の子弟、子女なら、いったん落ちこぼれても、そこから這い上がるための適切な教育を受けられるのだ。

しかし、「ビリギャル」型の勉強法は深刻な問題をはらんでいる。受験科目以外の知識が小学生の水準にある大学生が、高等教育の内容をきちんと消化できるかという懸念が残るからだ。特に数学力が極端に欠けていると、論理的思考に支障をきたす可能性が高い。大学には、入学を認めた学生に高校レベルまでの知識に欠損がないかチェックし、足りないところは埋める責任がある。この責任を大学が果たさないと、受験テクニックに長けているだけの、国際的に通用する学力を持たない学生を輩出することになりかねない。

大学で本格的な高等教育を習得できるか否かで、一生が大きく変わってくる。バランスのとれた学力がない状態で一流大学に入学しても、最終的に高等教育の内容が理解できないようでは大学に進学した意味がない。少しでも偏差値が高い難関大学に進学することが幸せにつながるという考え方に、根本的な問題がある。

われわれの人生とは、
われわれの思考が作りあげるものに他ならない。

マルクス・アウレリウス

他人と比較してものを考えるのは、致命的な習慣である。

バートランド・ラッセル

人間は自分が見たいと思うものしか見ない。

ユリウス・カエサル

事実というものは存在しない。存在するのは解釈だけである。

ニーチェ

あなたが正しいとき、過激になりすぎてはいけない。
あなたが間違っているとき、保守的になりすぎてはいけない。

キング牧師

驕れる者は久しからず。

『平家物語』

急いで行こうと思ったら、古い道を行け。

タイのことわざ

〈知識〉

単なる無知よりも
〝無知であることの無知〟こそが
知識の死である。

Alfred North Whitehead (1861 ~ 1947)
アルフレッド・ノース・ホワイトヘッド／イギリスの数学者、神学者

アルフレッド・ノース・ホワイトヘッドは、プロセス神学という学派を打ち立てたイギリスの数学者で神学者だ。神を含むすべての事柄は変化し、生成していくという考え方である。人間は絶えず知識を身につけ、成長していかなければならないとする。

現在の日本の政治を見ると、ホワイトヘッドの知識についての主張を否定しているように思える。それは、安保法制化の議論において端的に表れている。2015年6月4日、衆院憲法審査会に早稲田大の長谷部恭男、笹田栄司両教授と慶應義塾大の小林節名誉教授が出席し、参考人質疑が行われた。その席で3教授全員が与党が提出している安全保障関連法案を「憲法違反」と指摘した。これに対して自民党が3教授を批判すると、今度は6月15日に東京の日本記者クラブで長谷部、小林両教授が政府の対応を痛烈に批判した。

自民側が自ら推薦した参考人の長谷部氏について「人選ミス」などと公言していることに、長谷部氏は「自分に都合の良いことを言った参考人は『専門家だ』とし、都合の悪いことを言うと『素人だ』と侮蔑の言葉を投げつける。自分たちが是が非でも通したいという法案、それを押し通すためならどんなことでもなさるということだろうか」と反論。一昨年の特定秘密保護法の審議の際、賛成の立場で自民推薦の参考人を務めたことに触れ、「特定秘密法は安全保障に不可欠な歯車。それに『素人』である私を呼んだのは人選ミス。制定の経緯に重大な欠陥があった以上、〈秘密法も〉廃止すべきだ」と痛烈に批判した。
（2015年6月15日「朝日新聞デジタル」）

長谷部氏の批判は、ユーモアのセンスにも富んでいて実に面白い。自民党が、自党に都合のよい発言をした人を「専門家」として持ち上げ、都合が悪いときには「素人」としてこき下ろす発想の背後には、学術的知識を信用しない反知性主義がある。反知性主義とは、客観性、実証性を軽視もしくは無視し、自らが欲するように世界を理解する態度を言う。高等教育を受けている人でも、司法試験に合格して法曹資格を持っている人でも、反知性主義者になることはよくある。反知性主義者に客観的、実証的なデータを突きつけて、知識と論理によって説得しようとしても無駄だ。この人たちは知識や知性を憎んでいるので、そういう説得に耳を傾けない。雰囲気、気合い、絆などの抽象的な原理を尊重して、自分と親しい人々との関係を崩さないことを重視する。

どの国家や社会にも、知識を尊重しない人々が一定数いる。問題はこういう人たちが政治権力を握り、経済政策や戦争と平和の問題など、国家の命運を握っている状態が日本で生じていることだ。国民が結集し、民主主義的手続きを用いて一日も早く反知性主義者を政治権力から排除しなくてはならない。

あまり賢くない人は、
自分が理解できない事については何でもけなす。

ラ・ロシュフーコー

ロバが旅にでたところで馬になって帰ってくるわけではない。

西洋のことわざ

恐怖は常に無知から生じる。

エマーソン

知識に投資することは、常に最大の利益をもたらす。

ベンジャミン・フランクリン

「知は力なり」。とんでもない。
きわめて多くの知識を身につけていても、
少しも力をもっていない人もあるし、
逆に、なけなしの知識しかなくても、
最高の威力を揮う人もある。

アルトゥル・ショーペンハウアー

人々はみな有用なものが役に立つとはわかっていても、
無用なものが役に立つことをしらない。

荘子

「道にきいて、途に説く」ようななまかじりの知識をもつと、
すぐに自分こそ「天下第一」とうぬぼれるが、
これはその身のほど知らずをよく示すにすぎない。

毛沢東

もし事物の現象形態と本質とが直接に一致するならば
一切の科学は不要であろう。

カール・マルクス

〈読書〉

反論し論破するために読むな。
信じて丸呑みにするためにも読むな。
話題や論題を
見つけるためにも読むな。
しかし、熟考し熟慮するために
読むがいい。

Francis Bacon (1561〜1626)
フランシス・ベーコン／イギリスの哲学者、神学者

読書の習慣がある人とそうでない人では、人生の充実度にだいぶ差がついてくる。それにはふたつの理由がある。

第一は、読書は情報を得るのに最も安価で確実な技法だということだ。あなたがロシアとの石油ビジネスを考えているとする。そのために専門家に会って3時間話を聞けば、コンサルタント料で数十万円を支払わなければならない。コンサルタント料は払わず、誰かのツテでホテルのレストランのランチに招待し話を聞いたとしても、2万~3万円はかかる（こういうとき、3000円くらいのランチメニューで経費を節約するのは相手に失礼だ）。そこで得られる情報は、新書本一冊分にも満たない。

ロシアの石油関係の入門書や専門書は、2万円もあればほぼすべて買うことができる。インターネットの情報は無料だが、信頼度が低い。そして信頼できるネット情報のほとんどは、書籍か学術論文がオリジナルだ。学術論文は素人には理解できない場合が多いので、現実的には書籍から情報を得るのが最も堅実な方法なのである。

第二は、読書によって人生を代理経験することができることだ。他人の成功だけでなく、失敗から学ぶことも重要になる。拙著『国家の罠――外務省のラスプーチンと呼ばれて』（新潮文庫）は、北方領土問題の解決に熱中しすぎて周囲が見えなくなり、政争に巻き込まれ、東京地検特捜部に逮捕されることになってしまった官僚の失敗体験を綴った書として読むこともできる。仕事をやりすぎると、思わぬところで足をすくわれる危険があるということだ。では、容易に理解できない難解な本とはどうつき合えばいいか。難解に見える本の中には、定義が錯綜していたり、先行の学説や客観的なデータを無視して、自分の思い込みを書いていたりするものが少なからずある。この種の本を読むと頭が悪くなるので、遠ざけるべきだ。

これに対して、その分野における一定の基礎知識を得るなど、訓練を受けないと理解できない本がある。たとえば、微分法に関する知識がまったくない人が、偏微分方程式が多用されている金融工学の専門書を理解することはできない。その場合には、自分の数学の欠損がどれくらいあり、それを埋めるのにどれくらいの時間がかかるかを計算する必要がある。仮に中学生の数学がよくわからないのであれば、毎日2～3時間、1年くらいかけてはじめて高校課程の数学を理解できるようになる。それだけの時間を割く余裕と数学の勉強に専心できる適性がない場合、金融工学の専門書を読むことを諦めた方がいい。

人生は短い。読書術の要諦は、どのような本を読んではいけないかという「捨てる技術」にある。

本というものは、わずか数行でも役に立てば、
それだけで十分値打ちのあるものだ。

津田左右吉

古典とは、誰もが読んでいたらと願いながら、
誰もが読みたいと思わぬ本である。

マーク・トウェイン

量では断然見劣りしても、
いくども考えぬいた知識であればその価値ははるかに高い。

アルトゥル・ショーペンハウアー

知識への投資は常に最高の利息がついてくる。

ベンジャミン・フランクリン

本は人に貸してはならない。
貸せば戻ってこないからだ。
私の書斎に残っている本といったら、
そうやって人から借りた物ばかりだ。

アナトール・フランス

行きずりの読者を、二、三時間のんびりさせるか、
旅行の退屈をまぎらしてやるかのために、
著者はどんなに苦心し、どんなつらい経験に耐え、
どんな心労を味わったかは、神のみぞ知るである。

モーム

ただむつかしいのみで、
無内容なものならば、読む必要もないが、
自分の思想が及ばないのでむつかしいのなら、
何処までもぶつかって行くべきでないか。

西田幾多郎

〈心の保ち方〉

理由も分らずに押しつけられたものを
大人しく受け取って、
理由も分らずに生きて行くのが、
我々生きもののさだめだ。

Atsushi Nakajima (1909～1942)
中島敦『山月記』／日本の小説家

世の中には恐ろしい心も存在する。１９９７年に神戸連続児童殺傷事件を起こした元少年Aの手記『絶歌』（太田出版）が２０１５年6月に販売され、大きな議論を引き起こした。当然のことながら、突然刊行されたこの書籍に遺族や被害者は激しく反発した。殺害された土師淳君（当時11歳）の父・守さんは手記の回収を求める申入書を送ったが、太田出版はそれに応じず、同月17日には初版10万部から5万部の増刷を決めている。

太田出版を非難する声は多かったが、私の意見は異なる。資本主義社会では、著者が元凶悪犯でも「このテキストを世の中に伝える必要がある」と編集者が考え、収益が見込まれるなら本を出すことができる。この状況を覆すことは不可能だ。そしてこのテキストには力がある。仮に太田出版が出版を見送っても、どこかの出版社が引き受けただろう。

一方で、この本で被害を受けたと考える人が本の回収を要請するのも当然だ。そこで話がつかなければ、出版差し止め訴訟や出版差し止めの仮処分申請を行うという道がある。

元少年Aは、性衝動から繰り返し残虐な方法で猫を殺しているうちにそれがエスカレートし、殺人に発展したと説明している。しかし、この説明は上滑りで説得力に乏しい。むしろ元少年Aの本音が表れているのは以下の箇所だ。

大人になった今の僕が、もし十代の少年に「どうして人を殺してはいけないのですか？」と問

われたら、ただこうとしか言えない。

「どうしていけないのかは、わかりません。でも絶対に、絶対にしないでください。もしやったら、あなたが想像しているよりもずっと、あなた自身が苦しむことになるから」。哲学的な捻りも何もない、こんな平易な言葉で、その少年を納得させられるとは到底思えない。でも、これが、少年院を出て以来十一年間、重い十字架を引き摺りながらのたうちまわって生き、やっと見付けた唯一の、僕の「答え」だった。

（『絶歌』元少年A、太田出版・282頁）

驚くべきことに、元少年Aは自分も社会から苦しめられている被害者だと思っている。また、殺人が悪だとは思っていない。1997年7月25日、元少年Aは神戸市須磨警察署での取り調べを終え、神戸少年鑑別所に身柄を移された。

腰縄と手錠をかけられ、護送車に乗り込む時、その場に居合わせた、取り調べを担当した刑事が僕に声をかけた。／「おい、もぉ殺しはやめとけよ。アレは癖になってしまうから。次やったらどうなるかわかっとおな？」（127頁）

元少年Aは、心の闇と破壊衝動を現在も抱えていることがテキストの行間から浮かび上がる。この刑事の懸念が現実にならないことを祈る。

勇気とは、窮しても品位を失わないことだ。

アーネスト・ヘミングウェイ

馬鹿不平多シ。

福沢諭吉

いちど本音を吐いてしまえば人間案外肝が据わる。

山本周五郎

自分は大した人間ではないと思うな。
そんなことは決して考えるな。
他人からそんなものだと思われてしまう。

アンソニー・トロロープ

未だかつて、現在のなかで、
自分は本当に幸福だと感じた人間は一人もいなかった。
もしそんなのがいたとしたら、
多分酔っぱらってでもいたのだろう。

アルトゥル・ショーペンハウアー

何事もゆきづまれば、
まず、自分のものの見方を変えることである。
案外、人は無意識の中にも一つの見方に執して、
他の見方のあることを忘れがちである。

松下幸之助

人間にとって大切なのは、何を「恥」と思うかです。

つかこうへい

〈転機〉

人間には、必ず人生の転機を直感し、
的確に判断できるかどうかを
試される時が何度かある。

Antonio Inoki (1943～)
アントニオ猪木／日本の元プロレスラー、政治家

人生にはさまざまな転機がある。そのときに、「あのときこうしておけばよかった」と後悔しないようにすることが重要だ。人生は一度しかない。新しい人生を経験できるチャンスがあるなら、それを活用すべきだろう。

私の場合、人生の大きな転機は過去に3回あった。1回目は、同志社大学の神学部に進学したときだ。今でこそ神学部は偏差値も上がり、ほとんどの卒業生が一般企業に就職するようになったが、当時は牧師かキリスト教主義学校（ミッションスクール）の聖書科の教師になる、あるいは社会福祉団体に勤務する以外のキャリアはほとんどなかった。

しかし、大学で人生の意味について一生懸命勉強したいと思っていた私にとって、同志社大学神学部というのは理想的な環境だった。ここで勉強したことは、その後外交官や職業作家になってからも非常に役に立っている。また、一生つき合うことになる恩師と友人たちにも恵まれた。

次の転機は大学院修了後、外交官になったことだ。いくつかの偶然が重なって、ロシア語を勉強しロシア（ソ連）を担当することになったが、ソ連崩壊の過程をこの目で見る機会を得られたこと、鈴木宗男氏とともに北方領土交渉を最前線で経験したことが、私の人生の糧になった。このときの経験がなければ、私が職業作家として糊口をしのいでいく可能性もなかっただろう。

3回目の転機は、鈴木宗男事件に連座して東京地方検察庁特別捜査部に逮捕、起訴され、小菅にある東京拘置所の独房に512日間勾留されたという経験だ。この出来事が職業作家になる大きな転機になった。

最初の2回の転機が自らの意志に基づくものであるのに対し、3回目は外部からの不可抗力で余儀なくされた転機である。しかしよく考えてみると、いずれの転機も、私が生まれるずっと前から神様によって定められていたのではないかと思えてならない。

現在、私は4回目の転機を迎えている。慢性腎臓病が進行しているため、人生の残り時間について真面目に考えなくてはならない時期に至っているのだ。

自分の知識と経験を次世代に継承することが重要になる。また、大学院を修了してからもずっと続けている神学研究の成果をまとめなければならない。2014年、同志社大学神学部から神学部名誉教授の称号を授与されたが、これを機会に神学の博士論文を書くとともに、神学部で特別講義を行って私の問題意識を後輩たちに伝えたいと考えている。まず、ナショナリズムとキリスト教に関する本格的な講義を行うために、久しぶりにロシア語やドイツ語の専門書と格闘しているところだ。

一回目のチャンスは見逃せ。

大山康晴

現在の能力で、できる、できないを判断してしまっては、
新しいことや困難なことは
いつまでたってもやり遂げられません。

稲盛和夫

時々は失敗することを覚悟できないなら、チャンスもない。

ウディ・アレン

転機は、運命と自己との飽和された合作でなければならない。
転機はいつも、より生きんとする、若い希望の前にのみある。

吉川英治

人のすることには潮時というものがある。
上げ潮に乗れば、幸運にゆきつく。

シェイクスピア

逆境においては人は希望によりて救わる。

メナンドロス

人間の偉大さは、
不運に対してどのように耐えるかによって決まるものだ。

プルタルコス

〈旅〉

あちこち旅をしてまわっても、
自分から逃げることはできない。

Ernest Hemingway (1899～1961)
アーネスト・ヘミングウェイ／アメリカの小説家

2015年の夏、家族と神奈川県横須賀市にある観音崎に泊まりがけで出かけた。私の旅の歴史が観音崎とともに始まるからだ。中学校1年生のとき、父から「優君も一人で旅をする訓練をした方がいい」と言われた。それまでも京都、兵庫、沖縄などの親戚の家に、夏休みや冬休みを利用して一人で出かけたことは何回かあった。しかし、「親戚を頼るのではなく、自分の力で旅をすることが重要だ。そうだ、ユースホステルを使うといい」と言って、日本ユースホステル協会の会員証を準備してくれた。

当時、私にはユースホステルについての知識がまったくなかった。父からも、ユースホステルを使って旅をしたという話を聞いたことはない。おそらく、勤めていた銀行で若い人たちからユースホステルの話を聞き、息子にも経験させたいと考えたのだろう。

父とハンドブックを研究して、第一回は観音崎のユースホステルに泊まることにした。ユースホステルはロッジのようなつくりで、寝室は男女別のかいこ棚（二段ベッド）だった。夕食が地元の魚と野菜を使った豪華な内容で驚いたのを覚えている。夜は暖炉の前でミーティングがあり、自己紹介をするとともに、小説や旅行の話をみんなでしていた。翌朝は早くから海岸に出て、暖炉の燃料となる流木を拾う。掃除も各人に割り振られた。

ユースホステルには、ペアレントと呼ばれる支配人がいる。観音崎ユースホステルのペアレントは、「ペア兄（にい）」と自称して本名を名乗らなかった。私の父をはじめ、年上の人も全員「君づけ」で呼ぶ。「ペア兄」はリーダーシップのある人で、若い学生や青年に社会人としての礼儀や常識を教えていた。父は「ここでの生活は、旧陸軍の内務班によく似ている。おそらく旧軍の関係者が、陸軍の教育を民主主義的にアレンジしたのだろう。ユースホステルを使って旅をすれば、見聞が広まるだけでなく、社会常識が身につく」と言っていた。その後、ユースホステルを使って伊豆大島、穂高、北海道などを旅行したが、大多数は民宿の延長といった感じで、観音崎ユースホステルだけがユニークだった。大晦日から正月にかけては、徹夜でパーティーが行われた。

私が高校2年生のとき観音崎ユースホステルは閉鎖された。「ペア兄」が家庭の事情で九州の実家に帰ることになったからだ。最後に泊まり込みでお別れ会をしたとき、「ペア兄」の名字が安藤で、もともと九州の電電公社社員だったが、ユースホステル運動に共鳴して転職したという話を知った。ここで「ペア兄」の教育を受けて、社会性を身につけた若者がたくさんいた。こういう人が各地にいたので、日本の社会は強かったのだろう。

２０１５年の夏、観音崎ユースホステルの跡地に行った。建物のあった場所は更地になっていたが、その前にある公衆洗面所は以前と同じで、水道の蛇口だけ新しくなっていた。

希望に満ちて旅行することは、
目的地にたどり着くことより良いことである。

スティーヴンソン

旅というものは、時間の中に純粋に身を委ねることだ。

福永武彦（詩人、フランス文学者）

他国を見れば見るほど、私はいよいよ私の祖国を愛する。

スタール夫人

一人旅、あるいは家族で旅行するのが個人主義のスタイルなら、
団体旅行や修学旅行は社会主義のスタイルである。

竹内靖雄（経済学者）

旅行者は、その放浪によって家庭の有り難さを学ぶ。

チャールズ・ディケンズ

大きな旅立ちというものは、
書物の、第一行の文章のように、重要なものなんだよ。
その一行が、この一瞬が、すべてを決定づけるんだ。

トーベ・ヤンソン

旅行をするのなら覚えておいてほしい。
外国とはあなたが快適に過ごせるように
作られているのではなく、
現地の人々が快適に過ごせるように
作られているのだということを。

クリフトン・ファディマン

私は旅行に出る理由を尋ねる人があると、
いつもこう答えるようにしている。
「私は、自分が何を避けようとするのかはよくわかるのだが、
何を求めているのかはよくわからない」と。

モンテーニュ

第Ⅴ部
人生の場面

〈家庭〉

幸福な家庭はみな一様に似ているが、
不幸な家庭は、
いずれもさまざまに不幸である。

Leo Tolstoy (1828～1910)
レフ・トルストイ／ロシアの小説家、思想家

人間が一人で生きていくことはできない。最近は一生一人暮らしという選択をする人が増えてきたようだが、やはり結婚して家庭を持った方がいいと思う。私は1回目の結婚には失敗した。25歳で、まだ相手との価値観や相性がよくわからないうちに結婚してしまった。その結果、人生の方向性がずれてきて、14年目に離婚した。離婚には、結婚の3倍くらいのエネルギーが必要になる。離婚したときは、もう結婚はこりごりだから一人で生活していこうと考えていた。

たしかに家庭がないと、仕事にだけ全力投球することができる。私の場合、北方領土交渉に文字通り命懸けで取り組んだ。それなりの成果も残せたと思うが、今になって振り返ると、他の外交官と比べて仕事のスタイルがだいぶ異なるようになった。仕事ができない同僚にはつらく当たり、その結果、不必要な敵を多くつくってしまった。それが、鈴木宗男事件に連座して、２００２年5月14日に私が東京地検特捜部に逮捕されることにつながっていったのだろう。

逮捕、起訴され、東京拘置所の独房に５１２日間勾留され、マスコミで徹底的に叩かれた。日本の裁判では、起訴された場合99・９パーセント有罪になる。そういう私と結婚する人などいないと思っていたが、以前からつき合っていた外務省の後輩が、「仕事を辞めて結婚する」と言ってくれた。私が職業作家になる可能性がまったくなかったころのことだ。妻の愛情と勇気に、私はとても感謝している。それと同時に、1回目の結婚がどうして失敗したか、よくわかった。お互いに人生の経験が少なかったせいでもあるが、自己中心的で、相手の気持ちになって考えることを怠ったからである。

恋愛感情は必ず冷める。結婚を続けるには、熱い恋愛とは異なる、もっと落ち着いた愛情が必要だ。裏返して言うと、お互いに相手の気持ちになって考えることをすれば、幸せな家庭を築くことはそれほど難しくない。

私の父は2000年に、母は2010年に死んだ。母が死んでから、子ども時代、家族で散歩や旅行に行ったときのことをよく思い出すようになった。妹が乳母車に乗り、私がよちよち歩きで、父に手を引かれながら見沼代用水東縁《ひがしべり》（さいたま市）まで遊びに行ったときの情景が、よく頭に浮かぶ。1965年くらいのことだ。東北本線の旅客列車は電気機関車に牽引されていたが、貨物列車は蒸気機関車だった。絵が上手な父は、クレヨンで蒸気機関車の絵を描いてくれた。高度経済成長が始まったころで、まだ日本はそれほど豊かではなかった。しかし、豊かでない部分を家族の愛情で補っていたのだと思う。私が職業作家として仕事を継続できているのも、家庭があるからだと妻に感謝している。

子供は苦労を和らげる。しかし不幸を一段とつらいものにする。
子供は人生の煩いを増す。しかし、死の思いを和らげる。

フランシス・ベーコン

愛は家庭から始まります。まず、家庭から始めてください。
やがて外へと愛の輪が広がっていくでしょう。

マザー・テレサ

夫婦は愛し合うとともに憎しみ合うのが当然である。

坂口安吾

父親が子どもたちのために出来る最も大事なことは、
彼らの母親を愛することである。

セオドア・ヘスバーグ

公的な生活でどんなに成功しても、
家庭での失敗を補うことはできない。

ベンジャミン・ディズレーリ

オトンの人生は大きく見えるけど、
オカンの人生は十八のボクから見ても、小さく見えてしまう。
それは、ボクに自分の人生を切り分けてくれたからなのだ。

リリー・フランキー『東京タワー　オカンとボクと、時々、オトン』

古来いかに大勢の親はこういう言葉をくり返したであろう。
「私は結局失敗した。しかし、この子だけは成功させねばならぬ」

芥川龍之介

自分自身に欠けていたものが
息子に実現されるのを見ようとするのは、
すべての父親の敬虔な願いである。

ゲーテ

〈時間〉

明日は、明日はと言って見たところで、
そんな明日は
いつまで待っても来やしない。
今日はまた、瞬く間に通り過ぎる。
過去こそ真《まこと》だ。

Toson Shimazaki (1872〜1943)
島崎藤村『夜明け前』／日本の小説家

時間については、わかっているようで、実はよくわからないものだ。古代のキリスト教神学を集大成したアウグスティヌスが、「誰からも尋ねられないときは、私は時間についてわかっているつもりでいるが、誰かから『時間とは何か』と尋ねられた途端にわからなくなる」と述べたが、その通りだと思う。

ここで重要なのは、時間をギリシア語で言う「クロノス」と「カイロス」に分けて理解することだ。

クロノスとは、年表や時系列表をクロノロジーというように、流れていく時間のことだ。誰もが1日24時間という同じ量の時間を持っている。金持ちも貧乏人も、若者も高齢者もこの持ち時間は同じだ。しかし、一人ひとりが体感している時間は均質ではない。接待や職場の義理で、嫌な人との宴席に出席せざるを得なくなったときなどは、時間の流れがとても遅く感じる。これに対して、学生時代からの友人と居酒屋で一杯やっているときは、あっという間に時間が流れていく。一般に、不快で苦痛な時間は長く感じ、愉快な時間は短く感じる。時間には理屈だけでは割り切れない側面がある。また、集中力によって、同じ時間で倍以上の仕事をこなすことも不可能ではない。

カイロスはクロノスとはまったく異なる時間理解で、英語ではタイミングと訳す。ある出来事が起きた前と後では、人生や歴史が異なることがある。たとえば、１９４５年8月15日は天皇陛下が玉音放送でポツダム宣言を受け入れ、連合国に降伏したことを国民に伝えたカイロスである。この日の前と後では、日本人にとって歴史が異なっているのだ。

もっとも、カイロスは民族や国家によってそれぞれ異なる。１４１５年7月6日、ドイツのコンスタンツでチェコの宗教改革者ヤン・フスが異端の烙印を押され、火あぶりにされた。これはチェコ人だけでなく、中央ヨーロッパとカトリック教会にとって、その前と後で歴史を大きく変化させるカイロスだった。日本人にとってフスの火刑はカイロスではないが、１６００年10月21日の関ヶ原の戦いは日本人にとっての重要なカイロスだ。しかし、ドイツ人やチェコ人などのヨーロッパの人々にとってのカイロスではない。

同じ日付がカイロスであっても、その意味が異なることもある。１９４５年8月15日は、日本人とともに当時の大日本帝国の植民地だった朝鮮半島に住んでいた人々にとってもカイロスだ。ただし、その意味は異なる。日本人にとって、このカイロスは敗北であり、悲しみだ。朝鮮人、韓国人にとっては、植民地支配からの解放を意味する喜びだ。

歴史にはさまざまなカイロスがあり、その持つ意味も異なる場合があるという現実を知ることが、国際政治の複雑さを読み解く鍵になる。

われわれは過ぎ去った日々を思い出すのではなく、
過ぎ去った瞬間を思い出すのだ。

チェーザレ・パヴェーゼ

昨日しておけばよかったと思うことは山ほどあるのに、
今日しておこうと思うことは見つからないものだ。

ミニヨン・マクローリン

君が手にふるる水は過ぎし水の最後のものにして、
来るべき水の最初のものである。
現在という時もまたかくのごとし。

レオナルド・ダ・ヴィンチ

やることを誰よりもたくさん抱えていて、働く気のある人が、
最もたくさんの時間を見出すことになる。

サミュエル・スマイルズ

〈明日は、明日こそは〉と、人はそれを慰める。
この〈明日〉が彼を墓場に送り込むその日まで。

イワン・ツルゲーネフ

過去のことは過去のことだといって片付けてしまえば、
それによって、我々は未来をも放棄してしまうことになる。

チャーチル

時の翼に乗って悲しみは飛び去る。

ラ・フォンテーヌ

朝に紅顔有って世路に誇れども、
暮には白骨と為って郊原に朽ちぬ。

藤原義孝（平安時代の歌人）

〈人生〉

人生は将棋と同じで、
よみの深い者が勝つ。

Kozo Masuda (1918～1991)
升田幸三／日本の棋士

２０１５年4月から7月にかけて、京都市の同志社大学で２講時連続講義をした。私にほかの用事がないときは、講義後も学生たちとレストランで午後11時ごろまで話をしたので、かなり密度の高い集中講義だった。同志社の創設者である新島襄について、岩波文庫から出ている同志社編の『新島襄自伝』『新島襄の手紙』『新島襄 教育宗教論集』の３部作を手掛かりに、同志社のキリスト教主義の特徴をつかむことに講義の主眼を置いた。受講生は、神学部もしくは大学院神学研究科に在籍する人に限定し、講義を受けても単位にならないことにした。他学部の学生で、教室の前で「聴講したい」と願い出てくる学生が何人かいたが、「いずれこの講義の内容は本になるので、それを読んでもらえないだろうか」と言って断った。

学部と大学院から12人の神学生が参加した。神学部の教授会に頼んで、能力が高く意欲のある学生を選抜してもらったが、過半数がキリスト教の洗礼を受けていない。したがって、卒業後は普通に就職することを望んでいる。講義で何回か小テストをしたが、驚いたのは、私が神学生だったころと比較して神学生の基礎学力が向上していることだ。予備校のデータを見てみると、神学部の偏差値は10以上も上がっている。勉強の要領がよく、ガッツのある学生が多くなったと実感した。

ただし、人生の今後の展望については、不安なのであまり考えないか、あるいは「年収1000万円以上になる職業につきたい」「公務員になれば安定するのではないか」「IT産業は将来性がある」という月並みな発想しかしていない。そこで、途中から新島襄の生き方を各人の人生にどういかせるかということに重点を置いて講義をした。国禁を犯し、死刑になることを恐れず江戸末期に出国した新島襄は、アメリカ留学中は勉強にかなり苦労した。だから、自分がしたような苦労を次世代の日本人にはさせたくないと考え、大学をつくることにした。現存する新島襄の手紙のほとんどが寄付金の要請に関するものだ。

また、新島襄は政府高官に就任することを何度か要請されたが、断っている。国家の論理と普通の人々によって構成されている社会の論理が異なることに気づいていたからだ。そして、「国家に有為な人材の養成」ではなく、「良心」を建学の精神にすえて同志社をつくった。良心を基準にして生き、働く人は、自分のことだけでなく他者の気持ちになって働き、利他的な行動をすることもできる。そして、他者に献身的な行動をする人間の感化を他の人も受ける。良心を基準に日本社会を強化すれば、日本国家も強くなる。新島襄を通じて、自分のためだけでなく他者のためにも尽くす人生が、結果的に本人にとってもベストになるという人生観を学んでほしいと受講生に伝えた。

今日という日は、残りの人生の最初の一日。

『アメリカン・ビューティー』

人生は退屈すれば長く、充実すれば短い。

フリードリヒ・フォン・シラー

人生とは自転車のようなものだ。
倒れないようにするには走らなければならない。

アインシュタイン

疲れた人は、暫し路傍の草に腰をおろして、
道行く人を眺めるがよい。
人は決してそう遠くへ行くまい。

イワン・ツルゲーネフ

危険が身に迫った時、逃げ出すようでは駄目だ。
かえって危険が二倍になる。
決然として立ち向かえば、危険は半分に減る。
何事に出会っても、決して逃げるな。

ウィンストン・チャーチル

若いうちに数回失敗することは有益である。

トーマス・ヘンリー・ハックスレー

往く者は追はず、来る者は拒まず。

孟子

禍福は糾《あざな》える縄のごとし。
禍は福のよるところ、
福は禍の伏するところと知るべし。

老子

〈賭け事〉

一文も賭けなければ、
一文も儲からない。

English Proverb
英語のことわざ

私は賭け事をほとんどしない。大学受験をひかえた浪人時代、友人に誘われてパチンコ屋に何度か行ったことがあるが、時間がとられるのでやめた。パチンコ台に向かうより、喫茶店で本を読んでいる方が楽しかった。社会人になってからも賭け事には関心がない。

もっとも、外交官としてモスクワに勤務しているときは、カジノにときどき出入りした。ソ連にも公営ギャンブルがあったのだ。また、競馬と宝くじもあった。宝くじの1等は自動車、2等はカラーテレビ、3等は電気洗濯機というように、カネではなく一般になかなか入手できない商品が景品だった。1等の自動車は、「ザパロージェッツ」という排気量1200ccの小型車だったが、通常は購入するのに10年くらい待たされた。

カラーテレビは通常の商店でもそれほど難なく購入できたが、値段は労働者の平均賃金の6カ月分くらい。ソ連では、すべての商品は国家が定めた固定価格だ。電気洗濯機は賃金の約半月分だったが、一般の商店に流通することはほとんどなく、闇で購入するしかなかった。宝くじはこういう商品を入手できる可能性があったので、人気があったのだ。

これに対して、競馬はあまり人気がなかった。ロシアの競馬は三連勝単式（1位、2位、3位を順番通りに当てる）が普通だったので、1000倍を超える払戻金が得られることもよくあった。しかし、当時はルーブルで購入できる商品に魅力的なものはほとんどなかった。日本製のカラーテレビ、アメリカ製のタバコ、ソ連製の高級ウオトカやキャビアなどの賞品は、「ベリョースカ」という名の外貨専門店で売られていた。

ソ連時代末期、モスクワ競馬場の横にカジノができた。掛け金も払い戻しも米ドルだけで、ロシア人は外国人と同伴でなければ入場できなかった。私はここにロシアの政治家やジャーナリストをよく連れて行った。ソ連時代、国民が外貨を所持することは禁止されていたので、外貨を持っていないロシア人はチップを購入することができない。そこで、私が買ったチップをロシア人に分ける。ロシア人がそこそこ勝ったところで、私はチップをドルに戻して、「タネ銭の分は回収したので、残りはあなたが稼いだ分です」と言ってドルを渡す。普段は絶対に外国人からカネを受け取らないようなロシア人でも、こういう形だと「自分が稼いだカネだ」と考え、抵抗なく受け取る。

ロシア人がタネ銭をすってしまうときもあるが、そういうときは、「私はあなたにチップを差し上げたんですから気にしないでいいです」と言って、タネ銭を取り立てるようなことはしなかった。チップ1枚が1ドルで、カジノでロシア人に渡すチップは20ドルと決めていた。この程度のカネで、「一緒に悪事を働いた」という共犯意識をロシア要人に抱かせ、人脈拡大にいかすことができたので、カジノには感謝している。

賭博は貪欲の子供であり、
不正の兄弟であり、
不幸の父である。

ジョージ・ワシントン

薬があるからといって、毒を好んで飲むべきではない。

親鸞

落ち目の人の逆を行け、これはギャンブルの鉄則だ。

阿佐田哲也

賭けない男たち、というのは魅力のない男たちである。
彼らは、つねに「選ぶ」ことを恐れる。
そして賭けないことを美徳であると考えて、
他人並みに生きることを幸福と考えている。

寺山修司

古来賭博に熱中した厭世主義者のないことは
如何に賭博の人生に酷似しているかを示すものである。

芥川龍之介『侏儒の言葉』

勝たんと打つべからず。負けじと打つべきなり。

吉田兼好

勝負事をするのは技術ではない。
しかし勝負事をやめること、これは技術だ。

ポーランドのことわざ

〈セックス〉

賢き者とは、
セックスより愉しいことを
見つけた者のことである。

Aldous Huxley (1894〜1963)
オルダス・ハクスリー／イギリスの作家

外交官時代に、セックスに関する人間の態度は人それぞれだと実感した。異常に性欲が強く、常にセックスのチャンスを考えている「歩く性器」のような外務官僚も少なからずいた。また、幼児プレイでおしめを替えてもらうようなポーズをとると性的に興奮し、勃起するという人もいた。ちなみにこの人は現在、中国の某総領事をつとめているが、そこでも幼児プレイを楽しんでいるのだろうか。

通常とは異なる趣味のセックスで、外務省を退職することを余儀なくされた人もいる。私が自費出版した『日本国外務省検閲済　外務省犯罪黒書』では、鈴木宗男衆議院議員（当時）が提出した質問主意書と、それに対する内閣の答弁書からこんな事例を紹介した。

問：２００1年9月30日ごろ、神奈川県厚木市内の路上に駐車中の自己運転車両内において、15歳の女子中学生に対し、同女が18歳に満たないと認識しながら、同女の面前で猥褻な行為を見せ、更に同女に現金1万円を供与して猥褻な行為をさせ、児童買春を行った外務省職員に対して、外務省はどのような処分を行ったか。96年ごろ、右職員が対中国情報業務に従事していたという事実があるか。

答：御指摘の行為を行った外務省の職員に対して、免職処分が行われている。当該職員が「対中国情報業務」に従事していたかとのお尋ねについては、御指摘の業務の具体的な内容が明らかではなく、お答えすることは困難である。

（佐藤優『外務省犯罪黒書』講談社エディトリアル、34頁）

この外務官僚は、女子中学生に局部を見せてくれと頼み、自分は下着を下ろしてマスターベーションを始め、その様子を中学生に見られることで性的に興奮するという趣味を持っていた。国際情報局に勤務してスパイを運営し、中国に送り込むという仕事のストレスがこのような猥褻事件につながったのだと私は見ている。

逆に生身の女性にまったく関心を持たないという後輩もいた。この後輩は少女アニメが好きで、二次元空間に出てくる少女には性欲を感じるという。しかし、外務省で同期の女性外交官と席を並べていると、耳垢の臭いが気になって吐き気がしてくるという。

ロシア語の成績は優秀だったので、プーチン露大統領の出身校であるサンクトペテルブルグ大学に留学させた。そこでも生身の女性のそばを通ると気持ちが悪くなるので、大学には行かずに自宅に引きこもってロシア語を勉強していたという。その後、某大使館で領事業務についたが、仕事で女性と接触をせざるを得なくなったストレスからか、全身に吹き出物が出るようになって苦労していた。セックスについても、外務省でいろいろな事例を見すぎたせいか、私は深入りしないようにしている。

へそから下の領分には、宗教も真実もない。

ニコラス・シャンフォール

性本能なしにはいかなる恋愛も存在しない。
恋愛はあたかも帆船が風を利用するように、
この粗野な力を利用する。

オルテガ・イ・ガセー

哲学と現実世界との関係は、
マスターベーションとセックスの関係と同様である。

カール・マルクス

世界を一つにまとめ上げているものは、
私の苦い経験から言えることには、性交である。

ヘンリー・ミラー

貞操は氷柱のようなものだ。いちど溶ければそれで最後である。

イギリスのことわざ

情欲は勝利者のない戦いである。

モーリヤック

愛欲より憂いを生じ、愛欲よりおそれを生ず。
愛欲を離れたる人に憂いなし。

『法句経』

「姦淫《かんいん》するなかれ」
と云へることあるを汝らききけり。
されど我は汝らに告ぐ、
すべて色情を懐《いだ》きて女を見るものは、
既に心のうち姦淫したるなり。

［新約聖書］『マタイ伝福音書』

腹一杯メシを詰め込むのは、
人間としてのひとつの幸福である。

Yuji Aoki (1945〜2003)
青木雄二『ゼニの幸福論』／日本の漫画家、エッセイスト

学生時代までは、幸福や不幸を人生における充実感や自己実現、あるいは恋愛と結びつけて考えていた。このような考え方が甘いということに気づいたのは、ソ連崩壊前後のモスクワでの生活を通じてだった。

ソ連は社会主義社会だったので、生活に必要な最低限の物資は安価に供給されていた。だが、常に入手できるのは黒パン、白パン、ジャガイモ、塩、マッチなどのみ。それ以外の物資は欠乏しており、一般の商店で良質の肉や野菜を入手することは至難の業だった。ルイノックと呼ばれる自由市場では新鮮で良質な肉、野菜、卵、チーズ、牛乳などが売られていたが、ひどく値段が高かった。平均的な収入のロシア人がルイノックで買い物をしたら、3、4日で月給が吹っ飛んでしまうだろう。

私は外交官だったので給与もよく、ルイノックや外貨ショップで買い物をして生活することもできた。だが、それでは皮膚感覚でロシア人の気持ちが理解できないと考え、基本的に現地通貨のルーブルだけで生活するようにした。朝起きると、まず昼食、夕食をどうやって確保するか考える。大衆食堂には国から食品が特別配給されるが、交通の便がよくておいしい大衆食堂は行列が長い。マイナス15度の屋外で1時間待たされ、10分で食事を終えるというようなことになると、家畜の給餌みたいで不幸な気持ちになる。そこで、モスクワ大学の友人に尋ねると、「タクシーがたくさん停まっている大衆食堂を狙え」と言われた。タクシー運転手は、うまくて早く食事ができる場所をよく知っているからだ。ちなみにソ連時代、大衆食堂の食事の値段は国定価格でどこも同じなので、値段について考慮する必要はなかった。私はウクライナ・ホテルの向かいにタクシー運転手が集まる大衆食堂があることを発見し、そこでよく食事をした。肉がひと切れ入ったボルシチとカツレツ（ミニハンバーグ）を食べながら、「ああ幸せだ」と感じたものだ。

モスクワにいると、1年に2回、強い幸福感を味わう。トイレットペーパーを購入したときだ。ソ連ではトイレットペーパーが大変な欠乏品で、普通のロシア人は新聞紙で尻を拭いていた。トイレットペーパーは紙専門店で半年に1回くらい入荷される。「○月×日にどの店でトイレットペーパーが販売される」という情報が口コミで数日前に流れると、その日は会社や役所を休んで行列に並ぶ。トイレットペーパーの購入は一人10個までに制限されていた。トイレットペーパーのロールに紙ひもを通し、タスキがけにした「戦利品」を持ち帰るときの幸福感を今でも覚えている。

幸福と不幸について、生活必需品の入手について悩まなくていい日本での暮らしを、私はとても幸福に感じている。

おのぼりなされ。あるいはお下りなされ。同じことじゃよ。

ゲーテ

人は自分が幸福であるだけでは満足しない。
他人が不幸でなければ気がすまないのだ。

ルナール

人間が幸福であるために避くべからざる条件は勤労である。

トルストイ

この世に客に来たと思えば、なんの苦もなし、
朝夕の食事はうまからずともほめて食うべし。
元来客の身なれば、好き嫌いは申されまじ。

伊達政宗

人間は、自分が考えるほど不幸でもないし、
それほど幸福でもない。

ラ・ロシュフーコー

明日、なにをすべきか分からない人は不幸である。

マクシム・ゴーリキー

人間にとってもっとも悲しむべきことは病気でも貧乏でもなく、
自分はこの世に不要な人間なのだと思い込むことです。

マザー・テレサ

お金では幸せは買えない。
だが、お金は、あなたが不幸である間、
何不自由ない生活をさせてくれる。

クレア・ブース・ルース

〈決断と後悔〉

やった後で後悔するほうが、
やらないことで後悔するよりも
ずっとましだ。

Giovanni Boccaccio (1313〜1375)
ジョヴァンニ・ボッカッチョ／イタリアの作家

決断と後悔は表と裏の関係にある。何かの事柄について後悔するとき、その前提として必ず決断があるからだ。この場合、決断は二つに分かれる。「何かをやる」という決断と「何かをやらない」という決断だ。したがって、後悔にも二種類ある。「あんなことをしなければよかった」という行為に対する後悔と、「あそこでこうしておくべきだった」という不作為に対する後悔だ。行為と不作為のどちらを優先するかはそのときの状況判断にもよるが、最終的にはその人の価値観によるところが大きい。

私は、不作為による後悔を極力減らそうと考えてこれまで生きてきた。高校はいわゆる進学校だったが、当時の予備校の模擬試験では判定ができなかった、すなわち受験競争の枠外にあった同志社大学神学部に進学した。自分で言うのも少し恥ずかしいが、大学時代は人生でこれ以上は一生懸命にできないというほど勉強した。このときに構築した基盤が、のちに外交官、職業作家となってから生きてくる。

さらに、生涯つき合うことになる恩師と友人にも恵まれた。鈴木宗男疑惑で私が東京地検特捜部に逮捕されたとき、その夜のうちに「佐藤優支援会」を立ち上げてくれたのも同志社大学神学部時代の友人たちだった。

神学という学問が私の性に合っていたので、学部を卒業したあとは大学院に進学した。

こういうコースをたどる神学生は通常、牧師か大学、あるいは高校の教師になる。しかし、私は外交官になるという道を選んだ。過去に神学部出身者で外務省に入省した人はいない。外交官試験のためには、神学部では勉強しない憲法、国際法、経済学、国際関係論などをかなり本格的に勉強しなくてはならない。もし試験に合格しなければ、そのために費やした努力と時間は無駄になる。そうしたことはわかっていたが、私はチャレンジした。

あのとき外交官になることを諦めていれば、本格的にロシア語を習得することもなかったし、ソ連崩壊という歴史的事件に立ち会うこともなかっただろう。もっとも、外交官にならなければ鈴木宗男事件に連座することもなかった。一方で、この事件で東京地検特捜部に逮捕されることがなければ、私が職業作家になることもなかった。だから、過去を振り返って「あんなことをしなければよかった」という後悔はしていない。

そもそも、重要な決断をするときに徹底的に考えて結論が出ない場合、私は心の中に聞こえてくる神の声にしたがうことを原則にしている。人生における最も重要な事柄については、人間の限られた能力に頼るのではなく、神に委ねるのが正しいと神学部時代に教師たちから叩き込まれたからだ。こうした教えを学べたという点でも、同志社大学神学部で学ぶことができて非常によかったと思っている。

戦場に出でては、我が思うようにして、
人の言うことを聞き入れぬが良し。

前田利家

長いこと考えている者が、
いつも最善の物を選んでいるわけではない。

ゲーテ

人生において、もっと危険を冒しましょう。
安全第一ではかえって危ないのです。

アーニー・J・ゼリンスキー

信じるなよ、男でも、女でも、思想でも。
ほんとうによくわかるまで。
わかりが遅いってことは恥じゃない、
後悔しないためのたった一つの方法だ。

五味川純平『戦争と人間』

われわれの後悔は、われわれが行った悪を
遺憾に思う心であるというよりはむしろ、
それがやがてわが身にふりかかりはしないか、
とあやぶむ心である。

ラ・ロシュフーコー

愛とは決して後悔しないこと。

エリック・シーガル

我事において後悔をせず。

宮本武蔵

やったことは、たとえ失敗しても20年後には笑い話にできる。
しかし、やらなかったことは、20年後には後悔するだけだ。

マーク・トウェイン

人生にとって健康は目的ではない。
しかし最初の条件なのである。

Saneatsu Mushanokoji (1885 ~ 1976)
武者小路実篤／日本の小説家

外交官時代、私は健康にほとんど配慮しなかった。外務省では年に一度、定期健康診断が実施されていたが、私は逃げ回っていた。「健康診断は権利であって義務ではない。権利は放棄することができる」というのが私の当時の理屈だった。もっとも実際のところは、不摂生な生活をしていたため、健康診断で悪い結果が出るのを知りたくなかったのだ。試験の準備ができていないので、学校を休んで試験を受けなければさし当たって悪い成績を見なくてすむという、中学生や高校生と同じような心理状態だったのだろう。

実際、1997年11月に橋本龍太郎首相とエリツィン大統領によって交わされた「東京宣言に基づき2000年までに平和条約を締結すべく、全力を尽くす」というクラスノヤルスク合意に基づいて、ドクター・ストップがかけられても、文字通り命懸けで北方領土問題を解決しようと決意していた。自分の健康については、2~3年全力疾走したあとに考えればいいと思っていた。

結局、2000年までに北方領土問題は解決しなかったが、森喜朗首相とプーチン大統領の相性がよかったので、2001年3月には「イルクーツク声明」という文書ができ、北方領土交渉に加速がついた。しかし翌月、小泉純一郎政権が成立して田中真紀子氏が外務大臣になり、北方領土問題をめぐる田中氏の出鱈目な発言で、外務省は大混乱に陥った。

北方領土問題の解決をライフワークとする鈴木宗男氏が田中氏と対立するのは、必然的な流れだった。筋論、外交政策としては鈴木氏が完全に正しかったが、ポピュリズムの嵐の中で世論は田中氏を応援した。この鈴木宗男バッシングに至る経緯については、拙著『国家の罠――外務省のラスプーチンと呼ばれて』（新潮文庫）に詳述したので、ここでは繰り返さない。ともかく私は2002年5月14日、東京地検特捜部によって逮捕され、その日のうちに小菅の東京拘置所に護送された。翌日に本格的な健康診断があり、採血、採尿によって高血圧と腎臓障害が明らかになる。おかげで、取り調べは夜7時以後、3時間程度に制限された。特捜検察に捕まると、通常は十数時間もの厳しい取り調べを受ける。すると被疑者は頭が朦朧としてしまい、検察官の望む通りの供述をする「自動販売機」になってしまうが、私はそのような状況に陥らずにすんだ。その意味では、慢性腎臓病に感謝しなくてはならない。さらに、拘置所では血圧降下剤と尿酸降下剤を毎日飲むようになった。拘置所から配給される食事も栄養バランスがとれていて、摂取カロリーも2200キロカロリー程度。512日間の独房生活で体重もだいぶ減った。

鈴木宗男事件に巻き込まれずあのままの調子で働いていたら、ある日突然、腎不全で死んでいただろう。特捜検察に逮捕されたことで、私の寿命は確実に延びたわけだ。

快い眠りこそ、
自然が人間に与えてくれる優しく懐かしい看護婦だ。

シェイクスピア

ある種の治療は病気より悪し。

シルス

神経病や神経病患者の数が増えたのではない。
神経病に眼の肥えた医者が増えたのだ。

チェーホフ

人のために善をなせ、善をなせばよい気持ちだ。命が延びる。

大隈重信

勤労はつねに人類を悩ますあらゆる疾病と悲惨に対する
最大の治療法である。

トーマス・カーライル

何を食い、何を飲まんと生命のことを思い煩い、
何を着んと体のことを思い煩うな。
生命は糧にまさり、体は衣に勝るならずや。

［新約聖書］

私は自分の持病と一生連れ添う覚悟を決めています。
できるだけ病気を飼い慣らして
おとなしくさせるという方針を立てました。

吉行淳之介

脳を使わなければ体が衰える。
体が衰えれば行動半径が狭くなってますます衰える。
この悪循環を断ち切れ。

奈良林祥

〈老い〉

人は生涯の最初の40年間で
本文を著述し、
続く30年でこれに対する
注釈を加えていく。

Arthur Schopenhauer (1788 ~ 1860)
アルトゥル・ショーペンハウアー／ドイツの哲学者

1960年1月18日生まれの私は、2016年で56歳になった。私の両親の世代なら55歳で定年になり、現役を引退するのが通例だった。現在は70歳になっても現役で働いている人は珍しくない。作家の場合、頭と身体の健康が維持されている限り、いくつになっても現役として働くことができる。しかし、歳をとるとともに感覚が老化してくる。

第一に時間の流れが速くなっていく。小学生のころは40日間の夏休みがとても長く感じたものだが、今では40日間はあっという間に過ぎていく。客観的に見て時間の流れに変化はないはずだが、主観的に時間の流れは、加齢とともにどんどん速くなるのだ。

1歳児の場合、1年を生涯で割ると1分の1だ。10歳児になると10分の1になる。分母が増えてくるので、1歳児と比較した10歳児の1年は、人生の10分の1にしか相当しない。当然、1年という時間が経過するのを早く感じる。50歳の人にとって、1年の比率は10歳児の5倍、1歳児の50倍になる。加齢とともに時が速く流れていくように感じることには根拠があるわけだ。

第二に、人生の残り時間が気になる。私の場合、鈴木宗男事件に連座し、2002年5月に東京地検特捜部に逮捕され、投獄されるという出来事がなければ、63歳まで外務省に勤務していたはずだ。定年退職した後は東京を離れ、京都に小さな家を買う計画だった。

京都には母校の同志社大学があるので、神学部の図書室に通って神学や哲学の専門書を読むことができる。おそらく関西の私立大学の特任教授になって、ロシア事情か国際政治について学生たちに教え、趣味でキリスト教神学の本をチェコ語から日本語に訳して自費出版していたことと思う。

しかし、人生の歯車がずれてしまい、職業作家になった。作家活動を始めたのは45歳のときで、作家としてはかなり遅いスタートだ。それだから、遅れを取り戻すために一生懸命勉強して、書いている。作家としてやりたいことはたくさんある。しかし、肉体的、精神的に充実した活動ができるのはあと10年だと思う。その10年間にできる事柄を、今のうちに絞り込んでおかなくてはならないのだが、なかなかそれができない。

それに知りたいこともたくさんある。私の場合、情報の大部分を読書によって得ているので、睡眠、食事、入浴、原稿執筆、構想ノートづくり、外国語を学習する時間を除いては、ほとんど読書をしている。

作家としてある程度作品が売れるようになると、マスメディアに出演したり講演したりすることを余儀なくされるが、私はテレビには出ないという原則を貫き通し、講演も厳選している。人生の持ち時間を自覚させてくれる老いは、必ずしも悪いことではない。

若い時は困難にぶつかるが、年をとると困難がぶつかってくる。

ジョシュ・ビリングズ

40歳は若者の老年期、50歳は老人の青春期。

ヴィクトル・ユーゴー

人生は山登りのようなものさ。
登っている間は、人は頂を見ている。
そして自分をしあわせだと感じる。
が、上に着いたが最後、たちまち、下りが見える。
終わりが、死である終わりが見える。

モーパッサン

50歳になると、誰でもその人の人格にふさわしい顔になる。

ジョージ・オーウェル

若いとき旅をせねば、老いての物語がない。

ことわざ

老後とは、若き時より、月日の早き事、十倍なれば、
一日を十日とし、十日を百日とし、一月を一年とし、
喜楽して、あだに日を暮すべからず。

貝原益軒『養生訓』

もし人生の第二版があるなら、私は校正をしたい。

ジョン・クレア

老いぼれたら、老いぼれたことがわからなくなる。

ビル・コスビー

〈臨終の言葉〉

人は死の間際になってはじめて、本気で生きてこなかったことに気づく。

Henry David Thoreau (1817～1862)
ヘンリー・デイヴィッド・ソロー／アメリカの作家

人間が死んだらどうなるのであろうか？　それは誰にもわからない。死んだあと、この世に戻ってきた人はいないからだ。したがって、私たちは死についての体験を聞くことができない。もっとも「臨死を体験した」という人は少なからずいるが、臨死は死ではない。

死を明瞭に意識することができる動物は人間だけだという。それ以外の動物は、もちろん苦痛も恐怖も感じるが、死を意識することだけはできない。わが家には5匹のオス猫（いずれも去勢済み）がおり、猫も10歳を超えると大病をするようになる。わが家でも2匹の猫がかなり深刻な持病を抱えている。1匹は慢性腎臓病で、右の腎臓が完全に機能を停止してしまっている。

私も慢性腎臓病で、2カ月に一度大学病院に通い検査をしているが、腎機能が徐々に低下している。そのデータを見ながら「いつ人工透析になるのか。人工透析になったら余命はどのくらいになるのか」と不安になる。人生の残り時間がどのくらいなのか気になり、元気なうちにやりたい仕事を終えてしまおうと、過労気味になってしまう。

それに引き換え、猫は腎不全で動物病院に一度入院したにもかかわらず、将来についてはまったく気にしていないように見える。この猫の姿を見ていると、少しうらやましいとさえ思う。死についての不安がないので、臨終のときも特段の事柄を考えずに旅立っていくことができるのだろう。

それと比べると、死を意識する人間は実に面倒な存在だ。私も50歳を超えてから、人生の残り時間がとても気になるようになった。職業作家になってから2015年でちょうど10年になった。この間に単著（文庫化されたものを含む）を約100冊出した。作家として決して少ない量の仕事ではない。しかし、自分が書きたいことの2割も文字にすることができていない。そうなると、仕事の取捨選択をしなければならない。これが実に頭の痛い課題なのである。

そういうときには、自分の臨終の時のことを考えてみるようにしている。きっとそのときも「もっとやれることがあった」という一抹の後悔は抱くことになると思う。しかし、それでも強い不満を持つことはないだろう。それは、かつて文字通り命懸けで北方領土交渉に取り組み、完全燃焼したという思いが私自身にあるからだ。

2002年5月14日、当時勤務していた外務省外交史料館で、東京地検特捜部の検察官によって逮捕されたとき、心の中で「もういい。やれるだけのことはやった。その結果がこういうことなら、受け入れるしかない」とつぶやいた。これが外交官・佐藤優としての臨終の言葉だ。それ以降の私の人生は、余生だとすら考えている。

散りぬべき　時知りてこそ世の中の
花も花なれ人も人なれ

細川ガラシャ

じゃあ、また。いずれあの世で会えるんだから。

マーク・トウェイン

あと10年生きたいが、せめてあと5年の命があったら、
本当の絵師になられるのだが。

葛飾北斎

墓地を買うことなど断じて無用たるべきこと。
勿論、葬式、告別式など一切不用のこと。
英子や揚子、並びに真に私を知ってくれる友人たちの
記憶の中に生を得れば、それで満足。

尾崎秀実（評論家）

わが亡骸は野に捨て、獣に施すべし。

一遍

旅に病んで　夢は枯野をかけめぐる

松尾芭蕉

一、葬式のためにはだれからも、一文でも受け取ってはならない。
ただし、古くからの友人はその限りにあらず。
二、さっさと棺に納め、埋め、片付けてしまう事。
三、記念に類する事は、一切やってはならない。
四、私を忘れ、自分の生活を考える事。
五、子どもが大きくなって、才能が無い様だったら、慎ましい仕事を求めて世過ぎをさせる事。絶対に空虚な文学者や美術家になってはならない。
六、他人の目や鼻を傷つけながら、報復に反対し寛容を主張する人間には絶対に近づいてはならない。

魯迅

〈死〉

なぜ死を恐れるのですか。
まだ死を経験した人は
いないではありませんか。

Russian Proverb
ロシアのことわざ

人間は必ず死ぬ。誰一人、例外なく、いつかは死ぬ。臨死体験について語る人がいるが、臨死は死ではない。この世に戻ってこないことが死が成立するための条件であるため、自らの体験に基づいて死について語ることはできない。しかし、臨死を体験した人の話は重要だ。どうもこのとき人間は、普段は意識していない無意識の深層を旅するようだ。

私の母は2010年7月27日に死んだ。死因は肝炎ウイルスの急性増悪だった。死ぬ数時間前までは意識もしっかりしていたが、その数日前から寝返りをうてなくなって、腹水がたまり始めていた。看護学校を中退していて基本的な医療知識がある母には、近未来に死ぬということは予想できていたと思う。

病床で母は、臨死体験について語っていた。2004年春に母が悪性リンパ腫を発症し、敗血症を起こしたときの出来事だ。私はその日、たまたま母の家に泊まっていた。自宅のベッドで寝ている母が、突然歌を歌い出した。隣の部屋で本を読んでいた私は、「お母さん、どうした」と話しかけるが、母は「お母さん、どこにいるの。いつ（沖縄の）久米島から出てきたの」と頓珍漢な返事をする。自分の母親がやってきたと勘違いしているようだ。意識が混濁しているようなので救急車を呼んだ。救急隊員は、「最高血圧が50台まで下がり、脈も弱くなっている。生命の危険がある」と言う。さいたま赤十字病院に担ぎ込まれ、医師の診断を受けると、「重篤な状態だ。助けてあげることはできないかもしれない」と言われた。幸い、このときは化学療法が効いて2日で母の意識は戻った。しかし身体を動かすことはできず、2カ月ほど病院で寝たきりの生活をした。

意識を回復してから母が最初に述べたのは、不思議だが、鮮明な夢を見たことについてだった。母の両親（私の祖父母）、沖縄戦で死んだ姉、友人、日本軍の将兵などの顔が、ブドウの房のように並んでいて、母にいろいろ話しかけてくるという。誰もが「まだここに来るのは早い」と言ったという。話を聞きながら、私は「典型的な臨死体験の物語だ。きっと母が本か雑誌で読んだ物語が変容しているのだろう」とまともにとり合わなかった。

しかし、癌治療をすませて家に帰った母に変化が生じた。母は女学校2年生、14歳のとき沖縄戦に陸軍軍属として従軍したが、そのときの経験について、日付や固有名などを含め、詳細に語り始めたのである。「今回、癌で死にかけたとき、夢の中でいろいろな人に会って、忘れかけていた記憶が鮮明によみがえった」と母は言っていた。

それをあの世と名づけるか無意識の領域と呼ぶかはともかく、母が死線をさまよったとき、目には見えないが確実に存在する場所を訪れたことは間違いない。臨死体験をしていると、死に対する恐怖が薄れるようだと母を見て思った。

死の恐怖を味わうことは、その人がまだ生きて
しなければならない仕事をしていないからだ。

武者小路実篤『人生論』

生ぜしも一人なり。死するも独りなり。

一遍

たとえ太陽系の天体が全部壊れたとしても、
君が死ぬのは一回きりだ。

トーマス・カーライル

死者にたいする最高の手向けは、悲しみではなく感謝だ。

ワイルダー

人間はみんな、いつ刑が執行されるかわからない、
猶予づきの死刑囚なのだ。

ヴィクトル・ユーゴー

われわれは、大人も子供も、利口も馬鹿も、貧者も富者も、
死においてはすべて平等である。

ロレンハーゲン

看護婦さん、あんたは老人のわたしを
骨董品として生かしておこうとしているが、
わたしはもうガタがきてるんだ、おしまいなんだよ、死ぬんだ。

バーナード・ショー

昨日まで人のことかと思いしが、おれが死ぬのか。
それはたまらん。

大田南畝（蜀山人）

宴会と同じように、人生からも飲みすぎもせず、
のどが渇きもしないうちに立去ることがいちばんよい。

アリストテレス

著者紹介

佐藤優（さとう・まさる） 1960年東京都生まれ。作家、元外務省主任分析官。85年、同志社大学大学院神学研究科修了。外務省に入省し、在ロシア連邦日本国大使館に勤務。その後、本省国際情報局分析第一課で、主任分析官として対ロシア外交の最前線で活躍。2002年、背任と偽計業務妨害容疑で逮捕、起訴され、09年6月有罪確定。現在は執筆や講演、寄稿などを通して積極的な言論活動を展開している。

佐藤優《さとうまさる》 選《せん》―自分《じぶん》を動《うご》かす名言《めいげん》

2016年5月1日 第1刷
2016年6月20日 第2刷

著　者　佐《さ》藤《とう》　優《まさる》
発行者　小澤源太郎

責任編集　株式会社 プライム涌光
電話　編集部　03(3203)2850

発行所　株式会社 青春出版社
東京都新宿区若松町12番1号 〒162-0056
振替番号　00190-7-98602
電話　営業部　03(3207)1916

印刷　共同印刷　　製本　大口製本

万一、落丁、乱丁がありました節は、お取りかえします。

ISBN978-4-413-03999-4 C0030

© Masaru Sato 2016 Printed in Japan

本書の内容の一部あるいは全部を無断で複写(コピー)することは著作権法上認められている場合を除き、禁じられています。

佐藤優の青春新書ベストセラー

人に強くなる極意

どんな相手にもぶれない、びびらない

838円　ISBN978-4-413-04409-7

「ズルさ」のすすめ

自分を見つめ直す「知」の本当の使い方

840円　ISBN978-4-413-04440-0

お金に強くなる生き方

「いま世の中でいちばん強い宗教は、"拝金教"だ」

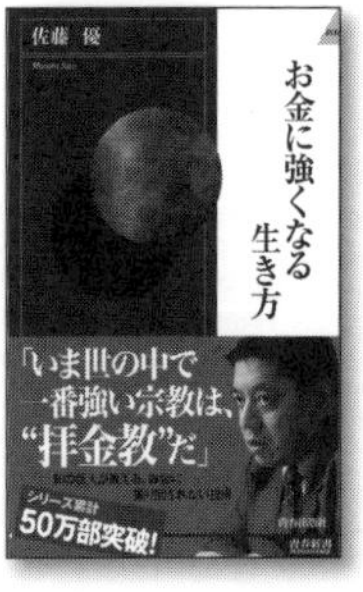

840円　ISBN978-4-413-04467-7

お願い　ページわりの関係からここでは一部の既刊本しか掲載してありません。折り込みの出版案内もご参考にご覧ください。

※上記は本体価格です。（消費税が別途加算されます）
※書名コード（ISBN）は、書店へのご注文にご利用ください。書店にない場合、電話またはFax（書名・冊数・氏名・住所・電話番号を明記）でもご注文いただけます（代金引替宅急便）。商品到着時に定価＋手数料をお支払いください。〔直販係　電話03-3203-5121　Fax03-3207-0982〕
※青春出版社のホームページでも、オンラインで書籍をお買い求めいただけます。
ぜひご利用ください。〔http://www.seishun.co.jp/〕